天府国际体育赛事研究中心项目（YJ

体育旅游

理论与实务

谢 卫 舒建平 刘 雨 / 编著

四川大学出版社
SICHUAN UNIVERSITY PRESS

图书在版编目（CIP）数据

体育旅游理论与实务 / 谢卫，舒建平，刘雨编著
. 一 成都：四川大学出版社，2023.11
ISBN 978-7-5690-6461-2

Ⅰ．①体… Ⅱ．①谢… ②舒… ③刘… Ⅲ．①体育—
旅游业发展—研究 Ⅳ．① F590.75

中国国家版本馆 CIP 数据核字（2023）第 217397 号

书　　名：	体育旅游理论与实务
	Tiyu Lüyou Lilun yu Shiwu
编　　著：	谢　卫　舒建平　刘　雨

选题策划：高庆梅
责任编辑：高庆梅
责任校对：曾小芳
装帧设计：墨创文化
责任印制：王　炜

出版发行：四川大学出版社有限责任公司
　　　　　地址：成都市一环路南一段 24 号（610065）
　　　　　电话：（028）85408311（发行部）、85400276（总编室）
　　　　　电子邮箱：scupress@vip.163.com
　　　　　网址：https://press.scu.edu.cn
印前制作：四川胜翔数码印务设计有限公司
印刷装订：四川盛图彩色印刷有限公司

成品尺寸：170 mm×240 mm
印　　张：16.5
字　　数：242 千字

版　　次：2023 年 11 月 第 1 版
印　　次：2023 年 11 月 第 1 次印刷
定　　价：68.00 元

本社图书如有印装质量问题，请联系发行部调换

扫码获取数字资源

四川大学出版社
微信公众号

缺乏闲暇，人类永远会是工作的奴隶，被束缚于狭隘的世界之中而脱身不得。没有闲暇，人就不可能有思想活动，文化就无从产生。

——（德）约瑟夫·皮柏

编委会

序

进入新时代，随着全球经济的发展和国民生活水平的不断提高，诸多新兴的休闲形式纷纷呈现于世，体育旅游因其既能促进人们的身心健康，又能提高生活质量，所以越发受大众青睐。此时，体育的功能价值又有了更多、更新的诠释，其核心要义与逻辑指向被赋予了更高的时代使命。

今天，中国城乡居民生活水平稳步提升，人们越来越注重身心健康，运动健身成为人们日常生活中的一项重要活动。正如习近平总书记曾形象地指出："健康是幸福生活最重要的指标，健康是1，其他是后面的0。"全民健身是全体人民增强体魄、健康生活的基础和保障。从跑步、骑行到打球、游泳，从健步走到跳健身操、广场舞……无论男女老幼，人们的休闲健身运动形式越来越丰富，投入的时间也越来越多。

其实，体育旅游现象可以追溯到古代，如最初的奥运会，参赛的人们在奥林匹克山谷中既可以参与体育比赛，又可以享受旅行的乐趣。随着近代英国工业革命所带来的经济发展，人们的可支配收入和余暇时间增多，这就为休闲旅游与户外运动的诞生准备了条件。20世纪中后期，伴随旅游业的发展以及体育运动的普及，以体育运动为特色的户外体育旅游活动在欧美国家得以迅速发展。但直至近十年来，中国经济迈向高质量发展之路，加之举办奥运会、世界杯等国际大型体育赛事使得体育旅游在国内逐渐发展，体育旅游产业才成为中国的经济增长点。为此，2016年国家体育总局与国家旅游局颁布《关于大力发展体育旅游的指导意见》，明确提出："大力发展体育旅游是丰富旅游产品体系、拓展旅游消费空间、促进旅游业转型升级的必然要求，是盘活体育资源、实现全民健身和全民健康深度融合、推动体育产业提质增效的必然选择，对于培育经济发展新动能、拓展经济发展新空间具有十分重要的意义。"在国家政策引导和持续培育下，体育旅游产品、消费市场空间得以提档升级与拓展。随着现代化体育强国与健康国家建设进程的加快，体育与旅游、文化等相关产业融合进一步升级，尤其是大众健康意识的提升将推动体育康养旅游等新业态的兴起，体育旅游将会成为中国体育产业高质量发展新的战略支撑点。

我甚至认为，体育旅游在我们国家既是一种新业态，也是一门新兴的学科。体育旅游是体育与旅游相结合的健身方式，也是新时代人们的新兴的重要生活方式之一。近年来，不少学者对我国体育旅游的研究十分重视，研究成果不断涌现，其中不乏水平高、创新性强的成果。这些成果在不断充实、完善我国体育旅游理论体系的同时，也对应和应验了当前日益高涨的体育旅游发展新形势。《体育旅游理论与实务》正是在这一背景下催生的一部力作，该书旨在为广大体育旅游爱好者和读者提供全面、系统的体育旅游理论知识和实践指导，全书洋洋 24 余万字，用八章分别介绍了体育旅游的概念与内涵，体育旅游的发展历程；阐明了体育旅游者概念与类型，体育旅游者产生的主客观条件；探讨了体育旅游资源的分类与特性，以及体育旅游资源的评价指标、方法、标准；分析了体育旅游业的构成、特点；阐述了体育旅游的市场与产品特征，提出了体育旅游产品开发的原则、程序、种类及策略；阐释了体育旅游活动策划的程序及方法；概述了体育旅游导游的基本条件、基本特点及其充当的角色；阐发了体育旅游导游服务规程，包括准备工作、接待工作以及结束后的工作；论述了体育旅游的安全管控体系等内容。

总之，全书力求做到理论与实践的贯通，既注重对体育旅游基本理论的阐述，又强调实际操作的指导。该书在界定体育旅游概念和内涵的基础上，尝试揭示新时代中国体育旅游的发展规律，对我国体育旅游理论与实践的学科体系、学术体系和话语体系的构建无不起到促进作用。

  该书作者谢卫教授，现任成都中医药大学体育健康学院院长，长期从事休闲体育与体育旅游的研究，也有从事旅游工作的经历，熟悉旅游行业特点，擅长把自己的所学（体育）专业与旅游相结合，从"实践"到"认识"，一步步积淀，在业内做出了成效。后来担任院系领导工作后，他积极投身和"融入"中医药大学的学科和专业建设中，在担任行政职务的同时，近些年来，谢卫教授也在体育旅游、运动休闲、体医融合等领域取得了一系列富有特色的研究成果，在区域体育竞赛、文体旅产业融合研究领域也取得了比较好的社会效应。

  《体育旅游理论与实务》一书为更多参与或即将参与此项事业的理论和实践工作者拓宽了新的研究领域。在他的著作出版之际，我一方面为之高兴，一方面也乐意把这一著作推荐给读者，希望能引起广泛的讨论和研究。

  本书的出版，可贺，可荐！

成都中医药大学校长 余曙光

2023 年 11 月于成都十二桥

目　录

第一章　体育旅游概述

第二章　体育旅游者

第三章　体育旅游资源

第四章　体育旅游业

第五章　体育旅游市场与产品

第六章　体育旅游活动策划

第一章

体育旅游概述

第一节　体育旅游

一、体育旅游概念的界定

（一）国外学者对体育旅游概念的界定

20 世纪 70 年代，欧美学者开始了对体育旅游的学术研究，之后，世界各国的学者相继发表了诸多相关的学术论文与论著，由此逐步构建了体育旅游的理论体系。

1966 年，英国学者安东尼（Don Anthony）为英国体育休闲中心委员会撰写了一篇题为《体育与旅游》的文章，该文成为体育旅游研究的始端。此后，国外学者从不同的视角对"体育旅游"进行解释。1990年，有学者提出：赛事观赏旅游仅仅是体育旅游的一种形式，主动参与的体育旅游和参观体育名胜如著名体育场、纪念堂等的观赏旅游也属于体育旅游。也就是说，体育旅游的游客既可以主动参与体育活动，也可以观赏体育赛事与参观体育名胜，体育旅游者以身体实践与非实践两种形式来参与体育旅游活动。1992 年，学者霍尔（Hall）认为："体育旅游是为了参加或参观体育活动，离开日常生活范围的非商业性旅游。"[①]强调体育旅游活动的特征为直接参与体育活动或间接参观体育赛事，且参与体育旅游活动的过程中未获取报酬。1999 年，学者吉布森

① 柳伯力. 体育旅游概论 ［M］. 北京：人民体育出版社，2013：1.

（Gibson）对体育旅游作了定义：以休闲为主要目的的旅行，旅游者不定期地参加健身活动，或观看体育活动，或参观与体育活动有关的吸引物。① 提出体育旅游的目的就是休闲。2002 年，学者罗嘎瓦（Nogawa）认为："体育旅游是临时性的、短暂的，游客在节事旅游中至少停留 24 小时，其主要目的是参加一项体育项目，而这一地区的其他旅游景点成为第二吸引物。"② 该定义基于旅游的概念，再结合参与体育旅游活动的形式对体育旅游进行界定。2003 年，学者汉德森（Simon Hudson）提出："体育旅游是旅游的一个分支，包含多种旅游的下位概念，例如冒险旅游、康复旅游、自然旅游、观看比赛旅游、竞技旅游、娱乐或休闲旅游、教育性旅游和商业旅游。"③ 指出体育旅游活动的形式多样且具有旅游属性。2006 年，学者维德（Mike Weed）认为："体育旅游是不同的人在特殊场所的相互交往过程中衍生的一种社会、经济和文化现象。"④ 所以，体育旅游是旅游主体参与的经济活动，文化是其活动的内涵。

综观国外学者对体育旅游的定义，不难看出其中的共同属性：其一，离不开参加或观赏体育活动这一基本形式。其二，具备旅游的基本特征，即离开常住地，旅游停留的时间和距离上有限定。但是学者对旅游停留的时间、距离、范围和标准存在较大差异。

（二）国内学者对体育旅游概念的界定

随着社会生产力水平的不断提高、人们闲暇时间的增多，以及思想观念和生活方式的转变，体育旅游在中国得到了很快的发展。对其概念

① Gibson. Sport tourism：A critical analysis of research ［J］. Sport Management Review，1999（1）：45－76.

② Nogawa. Emergence of mountain based adventure tourism ［J］. Annals of Tourism Research，2002（5）：194.

③ Simon Hudson. Sport and Adventure Tourism ［M］. New York：The Haworth Hospitality Press. 2003：3.

④ Mike Weed，Chris Bull. 体育旅游 ［M］. 戴光全，等译. 天津：南开大学出版社，2006：48.

的研究和探讨亦成为各位学者所面对的重要课题。国内学者对体育旅游概念的界定主要集中在以下五个方面。

第一，从体育旅游者所参与体育旅游活动的主要形式与内容进行界定。例如朱竞梅认为：体育旅游是以各种球类运动、水上水下运动、探险活动、康体休闲运动、汽车自行车越野、狩猎骑马、棋牌武术等为主要目的和内容的旅游，是旅游科学与体育科学交叉渗透而产生的一个新领域。① 韩鲁安提出体育旅游是旅游者在旅游中从事的各种身体娱乐、身体锻炼、体育竞赛、体育康复及体育文化交流活动等与旅游地、体育旅游企业及社会之间关系的总和。②

第二，从体育旅游参与者的动机或目的给予界定。例如于素梅提出："体育旅游是旅游者较长时间离开生活地以旅游和体育为主要目的，以休闲、娱乐、健身、探险等为动机，以欣赏、观看或参与体育活动为主要形式的旅行游览活动。"③ 认为体育旅游就是以休闲、娱乐、健身、探险等为动机的旅游活动。张建平认为："体育旅游是体育与旅游相结合的产物，指人们在余暇时间为达到返璞归真、释放压力、寻求刺激、冒险、健身等多种目的，在一定的自然环境中，从事以体育项目为内容的旅游活动。"④ 孙东敏等指出："体育旅游不仅是指以从事各种体育娱乐、健身、竞技、康复、探险等活动为内容的旅游，还指体育专业人士或体育爱好者以参与和观赏体育竞技、参加体育大会及体育交流等为目的的旅游。"⑤

第三，从产业与经济学的视角予以界定。例如谭白英等提出：体育旅游，即以非营利目的离开家庭所在地，以前往某一目的地参与或观摩

① 朱竞梅. 开发体育旅游项目问题初探 [J]. 体育与科学，2000，21（123）：25.
② 韩鲁安，等. 体育旅游对国民经济和社会发展的作用 [J]. 天津体育学院学报，2000（2）：42.
③ 于素梅. 体育旅游资源开发研究——以河南省为例 [D]. 河南大学，2005（7）：12.
④ 张建平. 现代体育旅游初探 [J]. 浙江体育科学，2002（5）：64.
⑤ 孙东敏，等. 河北省发展体育旅游的前景分析 [J]. 河北师范大学学报，2002（2）：198.

相关体育活动为主要内容的主题旅游。它是体育产业与旅游产业结合的产物，具有集体育竞技与旅游休闲观光于一体的特性。[①] 汪德根认为：体育旅游是以体育资源和一定的体育设施为条件，以旅游商品的形式，能为旅游者在旅行游览过程中提供融健身、娱乐、休闲、交际等各种服务于一体的经营性项目群。[②]

第四，从体育旅游活动的形式、内容与目的结合给予界定。例如韩鲁安、杨春青认为从广义的角度来看，体育旅游是旅游者在旅游中所从事的各种身体娱乐、身体锻炼、体育竞赛、体育康复及体育文化交流活动等与旅游地、体育旅游企业及社会之间关系的总和；从狭义的角度来看，则是为了满足和适应旅游者的各种体育需求，借助多种多样的体育活动，并充分发挥其诸种功能，使旅游者的身心得到和谐发展，从而达到促进社会物质文明和精神文明、丰富社会文化生活的目的的一种社会活动。[③]

第五，从体育旅游者的心理体验给予界定。张鲲、张西平、朱恺认为：体育旅游是人们在空暇时间内赴异地旅游时，通过观赏性、体力性或智力性体育活动达到健康休闲、增强体质、锻炼意志、陶冶情操、获得身心满足的过程。宋杰等认为，体育旅游是体育旅游者在旅行过程中，依赖旅游地的自然环境、人文环境完成体育体验的一种社会文化活动。[④] 指出体育旅游者由旅游吸引物而引发其对体育的体验，从心理学角度提出体育旅游就是身心体验的过程。

综上，不同学者从不同视角对体育旅游概念进行界定，故而对体育旅游概念内涵的诠释呈现出差异性。有的学者视体育旅游为体育与旅游结合的产物；有的学者认定体育旅游是旅游业的组成部分，也是体育产

---

① 谭白英，邹蓉. 体育旅游在中国的发展 [J]. 体育学刊，2002（3）：22.
② 汪德根，等. 体育旅游市场特征及产品开发 [J]. 旅游学刊，2002（1）：49.
③ 韩鲁安，杨春青. 体育旅游学初探 [J]. 天津体育学院学报，1998（4）：62.
④ 杨强. 中国体育旅游研究 20 年：述评与展望 [J]. 中国体育科技，2011，47（5）：92.

业与旅游产业相结合的产物；亦有学者认为体育旅游是一种社会文化活动。他们的观点有共同之处：第一，体育旅游是旅游者为了满足其某一目的而进行的活动。第二，体育旅游活动形式与体育项目关联。第三，体育旅游者以直接参与和观赏体育活动项目为主。

总之，目前不少学者认为体育旅游是旅游的组成部分，从属于旅游。我们应当看到，体育旅游虽具有旅游活动的基本特征，但随着体育旅游的快速发展，体育旅游活动的体育属性已变得突出，其所具备的体育方面的独有特征（专业性、身体实践性、规则性等）更能反映出其本质属性。尤其是2019年4月1日国家统计局颁布的《体育产业统计分类（2019）》〔国家统计局令第26号〕，将体育旅游划入体育产业中的体育旅游服务类。由此，我们可以从另外一个侧面看出，体育旅游正逐渐被纳入体育学科的范畴。因此，在界定其概念时，笔者认为应在旅游元素的基础上，侧重体育旅游活动的体育属性。

在此，笔者认为，体育旅游指人们以非营利目的离开常住地，以观赏或参与体育活动为主要形式，以获得身心愉悦的旅游活动。

二、体育旅游的特征

除具有与旅游共同的特征，即异地性、短暂性、脆弱性等基本特征外，作为旅游的一种形式，体育旅游还有其自身特征。

（一）娱乐健身性

轻松、愉悦、自由、积极是体育旅游特征的外现，人们在体育旅游活动过程中舒缓因疲劳而紧张的肌肉、恢复活力和生机；在参与的过程中暂时忘掉工作或生活中的烦恼，涤荡情感，缓解压力，平静心情，获得一定的成就感与满足感。体育旅游活动也能使人内心的压抑得以宣泄，体验到发自内心的愉悦和畅快。

（二）刺激性

体育旅游区别于普通旅游的显著特征在于体育旅游的运动形式所带来的惊险刺激体验。体育旅游者在体验刺激的过程中感受体育运动的魅力，如攀岩、越野、登山运动、定向运动等项目。

（三）技术性

体育旅游有很强的技术性，体育旅游产品组合由体育活动组成，参与性体育旅游活动必然要求体育旅游者具备基本的体能和体育技能。体育旅游者还需要了解体育场地设施以及器材装备标准等方面的相关知识，这些都需要专业体育教练或体育旅游导游的指导。

（四）可重复性

一般的旅游者往往只前往某旅游目的地一次就已满足其求奇和求新的体验，而体育旅游者由于对运动项目的喜爱，会产生经常参与某项体育旅游活动的动机，他们经常会重复参与自身所喜爱的体育旅游活动。正如王桂忠所说：体育旅游有可重复性，旅游者可以不断重复某一项体育旅游，在重复的过程中不断追求新的目标、新的体验，体验到更大的乐趣。[①]

（五）地域人文性

体育旅游自然资源是可供体育旅游者参与体育旅游活动的生态资源，不同的地理环境决定了不同的体育旅游自然资源特征。例如，位于瑞士中部和东南部的阿尔卑斯山脉，占全国面积约 62.5％，阿尔卑斯山脉终年积雪，所以高山滑雪体育旅游就是这个国家的主要体育旅游产

---

① 王桂忠. 关于我国体育旅游的现状及发展对策研究 ［J］. 体育科研，2002，23（2）：54.

品。当然，地域的差异也会造就类型迥异的体育旅游人文资源。体育旅游人文资源包括著名的体育赛事、主题体育公园、体育历史建筑及场地、文物古迹、古建筑工程、革命历史纪念地，以及不同的风土民情和传统习惯等。

三、体育旅游的类型

随着现代社会的发展，随着人们的闲暇时间以及可自由支配收入的不断增加，体育旅游逐渐成为人们的生活必需品。作为休闲旅游的一种形式，体育旅游也逐步发展出种类繁多的类型。根据参与体育旅游目的、参与者的参与形式，体育旅游可做如下分类。

（一）根据参与体育旅游目的分类

根据体育旅游的特征可以看出，体育旅游集娱乐性与运动性于一体。人们在闲暇时间里，出于娱乐、消遣、健身等目的而参与体育旅游活动，并在体育旅游运动中愉悦自我、挑战自我以及实现自我。在体育旅游分类中，弱化体育旅游活动的具体形式和内容，强调参与者进行体育旅游活动的目的，以此作为标准，我们可以将体育旅游分为以下五大类。

1. 强身健体型体育旅游

体育运动具有强身健体的作用，这是一个公认的事实。人类能够在体育活动中维持自身良好的身体机能，并在一定程度上促进身体的新陈代谢，以实现身体的生长发育，增强体质，强健体魄。进行体育旅游的最初的也是最基本的目的就是强身健体。另外，随着人们健康观念的发展，塑造优美体态以及提高自身修养等成为"健康"的重要内容，使得强身健体型体育旅游运动的具体项目不仅局限于传统体育健身项目，也包括现代的漂流、溯溪、独竹漂、定向、露营等户外体育旅游活动。

2. 娱乐消遣型体育旅游

随着社会经济的发展，人们在高速运转的现代工作中承受着巨大的压力，亟待寻找一种释放压力和放松身心的途径，体育旅游成为他们的选择之一。在此背景下，放松身心、娱乐消遣成为人们参与体育旅游活动时不可忽视的动机，故而娱乐性也是体育旅游区别于传统体育运动的显著特征。娱乐消遣型体育旅游以个体的兴趣为基础，以放松身心、追求愉悦感为出发点，以实现身心愉悦为目的，具体包括棋牌类游戏、自行车骑游、旱冰、垂钓、滑雪等形式。

3. 竞技比赛型体育旅游

传统体育项目在一定程度上具有对抗性和竞技性，由传统体育项目衍生而来的体育旅游项目也包括一些竞技比赛型体育旅游活动，但与传统竞技体育不同的是，竞技比赛类型的体育旅游活动一般竞技性程度不高，对抗性较弱，也无须高强度训练，仅仅是自我表达、自我展现的方式，强调放松身心的过程，而不以结果为导向。这些活动强调体育旅游者在活动中放松身心、体验乐趣和展现自我风采，并在简单的对抗下达到锻炼身体、增强体质的效果，同时在团队合作中促进社交、建立友谊。具体形式有球类运动、拔河、赛龙舟，等等。

此外，前往异地参加有组织的体育赛事的运动员、裁判员、随队工作人员，他们在比赛期间或比赛结束后参加赛事主办城市的旅游观光活动也可归为竞技比赛型体育旅游。

4. 极限型体育旅游

在现实中，人们一方面由于长期经历紧张的工作、激烈的竞争和快节奏生活，一方面又为工作和生活中的各种价值标准和道德束缚所累，身心都处于一种紧张状态。由此，人们在重复单调而乏味的工作和生活的过程中变得压抑和缺乏激情。因此，人类寻求释放压抑情绪、逃离现有生活状态的途径。极限型体育旅游活动包括冲浪、攀岩、蹦极、极限自行车、跑酷等具备一定难度、充满刺激性和挑战性的运动，使体育旅游者产生兴奋、紧张和激动等感觉，并在这样的情绪起伏变化中暂时忘却烦恼，进而释放自我。人们被压抑的潜在能量被引向积极健康的体育旅游活动中，消除身心的紧张与拘束，体验运动的乐趣，从而产生一种幸福感和满足感。

另外，根据马斯洛需求层次理论，自我实现的需要是最高等级的需要，要求最充分地发挥自己的潜在能力，成为自己所期望的人物，而极限型体育旅游活动正好满足了人类的这一需求。极限型体育旅游活动具有一定难度，充满刺激和挑战，对体育旅游者的能力和胆量都是一项挑战，使得体育旅游者充分地、忘我地、集中全力地参与和体验，并在这个过程中产生兴奋、紧张和激动等感受，在成功完成某项极限运动后，可产生一种成功感和征服感，满足自我实现的需求。

5. 养生型体育旅游

养生型体育旅游主要指的是体育旅游者以养生为目的，以身体运动为形式，以达到身心健康的体育旅游活动，如目前较为流行的瑜伽、太极拳，等等。在养生型体育旅游活动过程中，体育旅游者能舒展肢体，享受运动的畅快淋漓，同时也能凝神静气，从而达到身心和谐、纯净心灵。

（二）根据参与者的参与形式分类

体育旅游者通常以直接或间接的方式参与体育旅游活动，而体育旅游者选择的参与方式不同，所获得的直接体验也存在着差异。根据体育旅游者参与体育旅游活动的形式，可以将体育旅游活动分为以下两类。

1. 观赏型体育旅游

观赏型体育旅游主要指体育旅游者不直接参与体育运动，而是以观

众的身份观赏各种体育竞赛，或者参观体育胜地，例如参观美国 NBA
名人堂、奥林匹克总部、北京鸟巢体育馆等。体育旅游者在观看的过程
中，会因为赛事起伏而随之产生心理上的变化，表现出紧张、激动、惊
叹、惋惜、沮丧、愤怒等各种情绪，充分释放心理压力。另外，在观赏
的过程中，还可以学习一些体育知识，感受体育精神，甚至促进社交。

观赏型体育旅游的主要特点是体育旅游者间接参与体育旅游活动，
参与过程中其体力和脑力等身体状态处于完全自由而放松的状态。现代
体育的发展极大地丰富了观赏型体育旅游活动的内容，吸引了广大体育
旅游者亲临赛地观赏体育赛事，例如奥运会、世界杯、NBA 等大型体育
赛事。

2. 参与型体育旅游

参与型体育旅游是指体育旅游者以体力消耗为主导，直接参与体育
旅游运动，以追求身心愉悦、精神满足和自我实现为目的的体育旅游活
动。在日常的工作、学习和生活中，人们难免产生生理上的疲倦和心理
上的消极情绪。直接参与体育旅游活动，既可使疲劳的身体得到积极的
锻炼，从而恢复充沛的精力，同时也能使体育旅游者在体力的消耗中发
泄消极情绪，进而舒缓其紧张压抑的心理。另外，体育旅游者通过全身
心投入体育旅游活动，能够享受运动所带来的喜悦与满足，从而满足体
育旅游者自我实现的需求。

第二节　体育旅游的历史回顾

一、远古社会的蒙昧体育旅行

社会生产方式与生产工具的发展水平直接影响着人类社会文明的进

程。在远古时期极为简陋的原始生产方式下，先民们先后经历了旧石器时代与新石器时代。这一时期，由于生产力水平极其低下，人们还难以清楚地意识到体育娱乐与劳动的差异，更谈不上区分旅游与迁徙。

蒙昧的体育活动是随着原始社会生产方式的发展而逐渐产生的。换言之，当时的体育方式与劳动生产密不可分。这些体育活动的雏形其实就是一种基本的生产活动方式，但最终演化成为一种带有娱乐乃至具有空间位移的体育形式。先民们为了抵御或者擒获猛兽，必须要学会使用投掷工具；为了捞取水中的鱼虾，必须要学会游泳；为了采摘树上的果实，必须要掌握攀爬的技巧。在如此的生存方式之下，先民们不仅会攀爬峭壁而且也能长途跋涉去狩猎。原始社会为生存而进行的狩猎活动往往伴有迁徙活动，这就孕育出了体育旅行的雏形。相传，远在帝尧时代，中国先民就发明了一种名为"击壤"的娱乐游戏。据《艺经》记载："壤以木为之，前广后锐，长尺四，阔三寸，其形如履。将戏，先侧一壤于地，遥于三四十步以手中壤敲之，中者为上。"[①] 这其实源于人们在狩猎时用石头、土块、木棒等投击猎物的举动。可以说，先民们在狩猎的迁徙活动中创造出了娱乐游戏活动。

当然，在这一时期，由于人们对自然现象认识的局限性，对如雷雨闪电、洪水猛兽、天地日月的变化以及生与死等自然现象难以做出科学的解释，于是他们认为自然界有超越人类的神秘力量存在，从而表现出对大自然的敬畏和崇拜，原始宗教和巫术祭祀活动应运而生。人们从各自的聚居地前来参与祭祀活动，借助身体动作与神灵"沟通"，以巫舞的形式来表达自己的情感和诉求。在这种载歌载舞的祭祀过程中，既娱神也自娱。这种为了祭祀活动而展开的出行活动就是祭祀之旅。

可见，原始社会晚期已存在体育旅行的行为，只是当时的劳动与体育旅行之间并没有绝对的界限，由于巨大的生存压力，原始部落群体的迁徙活动主要目的是求生存。这些迁徙活动的参与者并未将其行为当作

---

① 谭华. 体育史 [M]. 北京：高等教育出版社，2005：23－24.

真正意义上的休闲旅行，当然也就难以形成主动积极的体育旅行意识和态度。

二、古代社会的体育旅行发展

原始社会晚期，由于金属工具在农业生产中得以广泛应用，促使生产方式进行改变，也促进了劳动生产率的提高，于是出现了商品交换，进而导致商人阶层的出现。奴隶社会时期，促使人们外出旅行的主要原因是商品交换和贸易经商，商旅活动十分常见。中国历史上的商贸旅行活动开展得很早，史书所载的"肇牵车牛远服贾"描述的就是商末周初商人的商贸旅行活动。

进入奴隶社会后，阶级产生，开始出现贵族阶层。古希腊时期，因为奴隶从事大量的生产劳动，加之商业的兴起，出现了拥有物质基础和闲暇时间的特权阶层和自由公民。这些特权阶层和自由公民强调休闲是自由的基础，而工作只是实现休闲目的主要手段，他们在休闲活动中获得愉悦，故而十分推崇通过休闲活动来度过闲暇时间，由此推动了古希腊休闲旅行的发展。公元前 5 世纪，古希腊奴隶制度高度发展，体育旅行兴起。当时，商品贸易、宗教旅行活动逐渐增多，其中宗教旅行占有很重要的地位，古希腊的提洛岛、德尔斐和奥林匹斯山是当时世界著名的宗教圣地。在神话传说中，奥林匹亚是众神聚居之地，那里建有宙斯神庙；奥林匹亚节是最负盛名的庆典，在宙斯神大祭之日，各城邦的人都来这里参加赛跑、赛马、摔跤等竞技运动。当时的奥林匹亚庆典虽然是一种纯粹的宗教活动，但它一方面促进了宗教旅行的发展，另一方面也促进了体育旅行活动和竞技体育活动的兴起和发展。

原始时期，狩猎是人们的生存手段，进入阶级社会后，其演化为一种娱乐活动，受到贵族阶级层的青睐，游猎成为贵族阶层的一种户外娱乐方式。

古罗马帝国随着其疆域的扩张以及帝国的强大，加之奴隶制度使城市社会阶层细化，出现了有闲阶层即自由民、商人和富有的上流社会阶层。奴隶主开始追求奢靡而畸形的休闲娱乐活动，如观赏血腥的角斗竞技和享受大浴场成为奴隶主和公民的爱好。古罗马人的休闲表现为消费型休闲，为此他们在公共空间大量兴建休闲设施。因而古罗马的大浴池、室外剧场、运动竞技场、公园等公共休闲设施较多。古罗马人以洗浴进行休闲娱乐的习惯始于公元前 2 世纪，至公元前 33 年，古罗马实行公共浴场免费制度，使得更多的人加入其中。浴场成了人人"趋之若鹜"的休息、娱乐及聚会叙旧的场所，即使有钱有能力自建私人浴室的富人也经常到公共浴场去。① 随着古罗马帝国的兴盛，观赏角斗竞技比赛成为古罗马贵族喜爱的休闲娱乐方式，这是一种非常残酷、血腥、非人性的活动。在角斗竞技比赛开始前，伴随着愉悦的演奏，喧腾热闹的气氛早就形成了。当身穿紫色斗篷的角斗士昂首步入角斗场时，来自不同地方的数万观众发出雷鸣般的欢呼声。因此，观看竞技表演成为古罗马人最受欢迎的娱乐活动，而胜利的角斗士则成为人们心目中的明星。

在古罗马，公民们体会到血腥体育竞技表演所带来的巨大刺激。在罗马城中残存的一块石壁上，拼嵌着这样一句话：打猎、进浴场、看角斗、寻欢作乐——这就是人生。真实反映了古罗马人休闲行乐的价值观。

中世纪时期，天主教和封建制度对休闲的发展影响较大，这一时期天主教会控制了普通大众的休闲出行活动，导致体育的发展受到制约。特别是圣·奥古斯汀（St. Agustin）和圣·本尼迪克特（St. Benedict）提倡劳动神圣至上的宗教思想，体育活动被列为世俗生活。当时教会禁止普通百姓的大部分休闲活动，城市大众休闲出行活动仅限于宗教节日和仪式；在民间，人们只能在农闲时或宗教日期间休闲出行，如圣诞节、受洗节。这些带给普通大众在劳动之余以短暂休闲。而农民则通过民间举办的体育活动，如投掷、斗鸡等形式的休闲体育活动

---

① 康愈. 浴场见证罗马的兴衰［J］. 军事与历史，2012（7）：38.

来打发农闲时间。从 1161 年起，伦敦城外市场上定期举行有农民参加的马术比赛。神职人员也喜欢休闲运动，他们喜爱玩地掷球，此项运动被赋予宗教意义——神职人员把球击目标比喻为"魔鬼"，如果击球者击倒"魔鬼"，那么意味着他的罪过可以被洗清。另外，一些著名的传教士也参加休闲体育运动，如加尔文就非常喜欢散步、投铁圈和地掷球等。

中世纪晚期，随着教会限制令的松动，大众的休闲娱乐与宗教逐渐结合起来，宗教和世俗内容渐渐走向融合。

14—16 世纪，文艺复兴和宗教改革运动使人们从宗教的桎梏中解脱出来，人性的本真得以复苏，从而为近代休闲体育运动的发展奠定了思想基础。文艺复兴时期，由于生产力的解放，人们通过商业贸易积累了大量财富，从而形成了新的中产阶级。他们有充裕的经济和时间参与休闲体育活动，最终促成欧洲上流社会的休闲享受之风尚。文艺复兴运动肯定了人体和人性的自然美，如米开朗基罗的《大卫》雕像就展示了人体黄金分割比例之美。意大利体育教育家维多里诺建立了身体、道德和智力全面发展的"快乐之家"学校，倡导读书学习应该与运动结合起来。他亲自带领学生进行骑马、跑步、跳远、击剑、游泳、射箭、角力、跳舞和球类活动。夏天，他还带领学生跋山涉水，到野外做短期旅行。[1]

三、近现代社会的体育旅游需求

工业革命改变了西方国家的生产方式，即机器工业大生产取代了传统农业生产。这一方面提高了劳动生产率，另一方面也使城市规模逐渐扩大，在城市中造就了两个新兴的阶层——产业劳动阶层和拥有财富的有闲阶层。

---

[1]　谭华. 体育史 [M]. 北京：高等教育出版社，2005：155.

　　由于资本家贪得无厌，残酷掠夺剩余价值，必然要求大幅度提高劳动生产率，势必要求工人像机器一样高强度和标准化工作，最终导致工人身心疲惫。工业化造成工人身心压抑，而资本家也希望能尽快恢复工人的生产率，所以休闲度假就成为近代工业革命时期工人释放压力的最好选择。另外，机器化大生产使生产效率提高，缩短了劳动者的必要劳动时间，工人从每周工作 6 天、每天工作 12 小时，逐步减少到每周工作 5 天、每天工作 7—8 小时，这样他们便有了充裕的休闲度假时间。

　　近代社会经历了工业文明的洗礼，社会的生产方式发生巨大变化，进而带来了人们生活方式的改变。作为社会个体来说，人们既具备闲暇的时间，也具备一定的经济能力，而外出旅行度假又能满足社会发展和个体的身心需要，于是休闲旅行发展为人们生活的组成部分。特别是近代工业社会的商业化发展也带来了社会的消费选择，休闲产业在工业革命后得到巨大发展。特别是铁路出现后，人们可通过多种形式的休闲消费来获得身心的愉悦和快乐，工业革命后休闲旅游产业形成了市场经济链，休闲旅游出现商业化发展。例如，托马斯·库克于 1841 年 7 月 5 日以包租火车的方式，组织了一次从英国中部地区的莱斯特前往拉夫巴勒的团体旅游，这次活动标志着近代旅游的开端。

　　20 世纪后半叶，由于航空业的出现，体育旅游迅速发展，较远距离的旅行成为可能。加之实行带薪休假以及个人收入的增加，体育旅游的范围与体育旅游者的规模均有所扩大。随着世界各国人民生活水平的提高，登山、攀岩、探险等体育旅游活动正在迅猛发展，休闲户外体育旅游者将日益增多。

第二章

体育旅游者

第一节　旅游者的定义与类型

体育旅游者在旅游过程中参与体育活动，在体育活动中实现旅游过程，体育旅游者可以直接参与体育旅游活动，也可以间接观赏体育活动。体育旅游的活动主体是体育旅游者，因此体育旅游活动的开展要基于体育旅游者的行为特征与参与动机。

一、旅游者的定义

旅游者一词最早出现在 1811 年出版的《牛津字典》中，用"Tourist"表示，意为"以观光游览为目的的外来旅客"。旅游者，从字面上解释，就是游客，即从事旅游活动的人。在英语和法语里，"Tour"都含有游览、巡游的意思，而其语源皆出于法文的"Touter"。由"Tour"一词演变为"Tourist"，意在强调其以观光游览为目的，从而区别于为职业或其他目的而旅行的游客。1933 年，英国人奥格威尔在其《旅游活动》一书中从经济视角提出作为旅游者应符合的两个条件：第一，离开自己的居住地到外面任何地方去旅行，在目的地的连续停留时间不超过一年；第二，在离开居住地期间，把他们的钱花在他们所到访的地方，而不是在所到访的地方挣钱。[①] 所有旅行者都被称为游客，在旅游统计中游客又分为一日游游客和旅游者。世界旅游组织将旅

---

① 李天元. 旅游学概论［M］. 天津：南开大学出版社，2007：78.

游者定义为"任何在两个或多个国家之间，或者在其惯常居住国境内的两地或多地之间开展旅行的人"[①]。

二、旅游者的类型

（一）国际旅游者

关于国际旅游者的定义，其发展历经了三个阶段：第一阶段是由国际联盟统计专家委员会于 1937 年提出的；第二阶段是由联合国于 1963 年在罗马召开的国际旅行与旅游会议（罗马会议）对此进行了修改和完善；第三阶段是由联合国统计委员会于 1976 年对其进行了批准。目前世界各国对于国际旅游者的界定已基本达成共识。

1937 年，国际联盟统计专家委员会曾将"国际旅游者"或"外国旅游者"定义为离开自己的居住国，到另一个国家访问超过 24 小时的人。这是最早出现的较为官方的关于国际旅游者的定义。1963 年 8 月，在罗马会议上，国际旅游者的定义得到了进一步的修改和补充。会议将国际旅游者分为旅游者和游览者，并统称为游客。游客就是指除为获得报酬的职业外，基于任何原因离开常住地到一个不是自己通常居住的国家访问的人。会议将离开常住地到其他国家去访问至少 24 小时的人称为游客，而逗留不到 24 小时的人称为游览者，并将"游客"分为了两类：一类是指在目的地停留过夜的游客，即"旅游者"；另一类是指在目的地不过夜当日往返的游客，即"一日游游客"或"短程游览者"。旅游者的访问目的被分为了五种：消遣（包括娱乐、度假、疗养、保健、学习、宗教、体育活动等）、工商业务、家庭事务、公务出使、出席会议。

1967 年，罗马会议提出的定义被联合国统计委员会专家小组采纳，

---

① 查尔斯·R. 格德纳，等. 旅游学［M］. 李天元，等译，北京：中国人民大学出版社，2008：6.

1968 年被国际官方旅游组织联盟采纳。1970 年，经济与发展组织旅游委员会同样采纳了此定义。1976 年，在联合国统计委员会第 19 次会议通过的关于国际旅游者暂时性准则方案中，将国际旅游者分为两类：从外国到某特定国家访问的人；从某特定国家去国外访问的人。换言之，就是指来自国外的旅游者和出国的旅游者。

1979 年，国家统计局为了统计的需要将来华旅游入境人员统称为（来华）海外游客。海外游客指来中国参观、旅行、探亲、访友、休养、考察或从事贸易、业务、体育、宗教活动等的外国人、外籍华裔、华侨和港澳台同胞。海外游客出于上述目的离开长住国（或地区）到中国内地连续停留时间不超过 12 个月，并且其主要目的不是通过所从事的活动获取报酬。在中国大陆旅游住宿设施内停留至少一夜的海外游客称为海外旅游者，在中国大陆当日往返的海外游客称为不过夜游客。① 但是，下列八类人员不属于海外游客：（1）应邀来中国访问的政府部长以上官员及随行人员；（2）外国驻华使、领馆官员，外交人员以及随行的家庭服务人员和受赡养者；（3）在中国驻期已达一年以上的外国专家、留学生、记者、商务机构人员等；（4）乘坐国际航班过境，不需要通过护照检查进入中国口岸的中转旅客；（5）边境地区往来的边民；（6）回大陆定居的华侨、港澳台同胞；（7）已在中国大陆定居的外国人和原已出境又返回中国大陆定居的外国侨民；（8）归国的中国出国人员。②

（二）国内旅游者

不同国家根据本国的具体情况对国内旅游者的界定标准有差异，但从总体来看，主要界定标准不外乎两种：第一，以外出旅行停留的时间为界限；第二，以外出旅行的距离为界限。英国与法国是以外出旅行时间为标准来界定国内旅游者的。英格兰旅游局界定国内旅游者为"基于

---

① 李天元. 旅游学概论［M］. 天津：南开大学出版社，2007：82.
② 李天元. 旅游学概论［M］. 天津：南开大学出版社，2007：82－83.

上下班以外的任何原因，离开其居住地点外出旅行过夜至少一次的人"。而法国旅游部门对国内旅游者的定义为"由于消遣、健康、商务或修学等原因离开其通常居住地点，外出旅行超过 24 小时但不足 4 个月的人"。美国和加拿大则以外出旅行距离为标准认定国内旅游者。1978年，美国国家旅游资源评价委员会指出：无论过夜与否，为了消遣、出差、个人事务而外出旅行距离至少 50 英里的人称之为国内旅游者。加拿大政府规定国内旅游者是指那些离开其居住地边界至少 80 公里以外的地方去旅行的人。①

世界旅游组织将国内旅游者定义如下：任何因娱乐、闲暇、度假、体育、商务、公务、会议、疗养、学习和宗教等目的而在其居住国进行 24 小时以上一年以内旅行的人。访问逗留时间不足 24 小时的人称为国内短程旅游者。

中国所说的国内旅游者是指："任何因休闲、娱乐、观光、度假、探亲访友、就医疗养、购物、参加会议或从事经济、文化、体育、宗教活动而离开长住地到我国境内其他地方访问，连续停留时间不超过 6 个月，并且访问的主要目的不是通过所从事的活动获取报酬的人。"国内游客又被分为国内旅游者和国内一日游游客，国内旅游者是指"我国大陆居民离开长住地，在我国大陆境内其他地方的旅游住宿设施内停留至少一夜，最长不超过 6 个月的国内游客"；国内一日游游客则是指"我国大陆居民离开长住地 10 公里以外，出游时间超过 6 小时但不足 24 小时，并未在我国大陆境内其他地方的旅游住宿设施内过夜的国内游客"。②

---

① 臧良运. 旅游学概论［M］. 北京：电子工业出版社，2009.53.
② 李天元. 旅游学概论［M］. 天津：南开大学出版社，2007：86.

第二节　体育旅游者的定义与类型

一、体育旅游者的定义

体育旅游者是体育旅游活动的主体，体育旅游者通过观赏或参与体育活动来获得刺激、愉悦、挑战、冒险、娱乐、休闲、放松等体验。

柳伯力认为："体育旅游者是为了满足精神享受或自我实现的需要，暂时离开常住地，以欣赏、观看或参与体育活动为主要目的的旅行者。"[①] 夏敏慧等提出：体育旅游者是指为了满足精神需求或自我实现的需要，暂时离开常住地到旅游目的地以参加体育活动或观赏体育竞赛为目的，享受体育旅游产品，并在此过程中进行经济消费的旅游者。体育旅游者直接或间接地参与体育活动。直接参与是指体育旅游者在旅游中直接参加体育活动，如游泳、潜水、登山和探险等，使身体得到锻炼、体育活动的欲望从中得到满足；间接参与是指体育旅游者在旅游中欣赏或观看高水平的体育赛事，并在观看比赛时鼓掌、欢呼和呐喊等，以满足其体育旅游需求与感受。[②]

Hall 根据体育旅游行为将体育旅游者分为两类：（1）离开常驻地去观看体育比赛；（2）离开常驻地去参加体育活动。Glyptis 根据"需求类型"将体育旅游者划分为五类：高档体育度假旅游者；观看体育节事旅游者；体育训练者；活动性体育度假旅游者；含有体育机会的普通度假者。[③]

①　柳伯力. 体育旅游概论 [M]. 北京：人民体育出版社，2013.251.
②　夏敏慧，田晓玉，等. 体育旅游者行为特征的研究——以海南为例 [J]. 沈阳体育学院学报，2015，34（1）：57.
③　张志刚. 国内外体育旅游研究综述 [J]. 山西师大体育学院学报，2008，S1：18.

综上所述，可以看出国内外学者对体育旅游者的概念界定并不统一。从界定的标准来看，主要有旅游者的参与动机、行为、时间、需要等。因此，体育旅游者是指以体育活动为主要内容或手段而参与旅游的那一部分人群。随着体育旅游的发展，其学科的理论基础和体系正逐渐明晰，因而在界定体育旅游者概念时，应以体育学的基本理论为基础，结合体育旅游者活动的特征。笔者将体育旅游者定义如下：以参与或观赏体育活动为主要目的，暂时离开常住地，为了满足个人身心愉悦与价值实现的旅行者。

二、体育旅游者的类型

随着体育旅游的发展，体育旅游者数量日益增多，按照一定的标准对体育旅游者的类型进行划分显得尤为重要。此举不仅便于为不同体育旅游者的需求提供相应的产品和服务，也便于体育旅游企业和相关部门对体育旅游者进行统计。根据是否跨越国界、组织形式、活动空间、参与目的、年龄阶段、消费能力等，可将体育旅游者分为不同的类型，并借此考察其各自的旅游行为特征。

（一）根据是否跨越国界划分

根据是否跨越国界而到其他国家进行体育旅游活动为标准，可将其分为国际体育旅游者和国内体育旅游者。

1. 国际体育旅游者

国际体育旅游者是指暂时离开定居国或长居国到另一个或多个国家进行体育旅游活动的游客。国际体育旅游者又分为入境体育旅游者与出境体育旅游者两种类型。入境体育旅游者是指从其他国家或地区到本国进行体育旅游活动的游客，如其他国家的居民到中国进行体育旅游；出境体育旅游者则是指拥有本国国籍而去往他国进行体育旅游活动的游客。

2. 国内体育旅游者

一般认为，国内体育旅游者是指暂时离开长住地到本国境内的其他地方进行体育旅游活动的游客，其活动范围只限于本国境内。一般而言，相对于国际体育旅游者的旅游行程，国内体育旅游者往返旅游目的地所花费的时间比较短，旅游消费较低，且行程手续的办理较为简便。

中国国内体育旅游者分为国内体育旅游者与国内一日游体育游客。二者的区别在于前者出游时间超过 24 小时但低于 6 个月，且在中国境内其他地方的旅游住宿设施内过夜，而后者出游时间超过 6 小时但低于 24 小时，且不在中国境内其他任何地方的旅游住宿设施内过夜。

（二）根据组织形式划分

根据体育旅游者参与体育旅游活动的组织形式，可将其分为团体体育旅游者、散客体育旅游者和半自助体育旅游者三种类型。

1. 团体体育旅游者

团体体育旅游者又称为"跟团游体育旅游者"，即这一类型的体育旅游者以团体为单位，体育旅游线路、活动项目等体育旅游活动中的一切事宜均由组织者统一安排。团体体育旅游者在体育旅游过程中缺乏自主性和灵活性，必须听从组织者的指挥。与散客体育旅游者相比，团体体育旅游者在出游前所花费的时间和精力等比较少，在行程中也较为省心和省力，因为是以团体为单位，因此其安全感和归属感也较强。同时，在与散客体育旅游者购买同一种体育旅游产品时，团体体育旅游者可享受更多的优惠。

2. 散客体育旅游者

散客体育旅游者是指体育旅游者自行安排体育旅游活动，选择性购买体育旅游服务，零星支付各项体育旅游费用。这一类型的体育旅游者在体育旅游行程中追求无拘无束的感觉，自主性较强；在体育旅游线路、内容及活动等方面都由自己制定和安排，灵活性较大。但相对于团体体育旅游者而言，散客体育旅游者需要花费更多的时间和精力预先设计好缜密的体育旅游计划和行程，同时，两者在购买同一种体育旅游产品时，后者所需费用会略高一些。这一类型的体育旅游者大多集中于热爱体育旅游且个性较为突出、喜欢挑战自我、敢于冒险的青年或中年群体。

3. 半自助体育旅游者

半自助体育旅游者介于团体体育旅游者和散客体育旅游者之间，是自由行＋团队游模式的结合。较之团体体育旅游者拥有较强的自主性与灵活性，他们可以根据体育旅游的有关信息和个人偏好，自由调整自己的体育旅游行程，旅行社只负责交通和住宿等环节。

（三）根据活动空间划分

当下，体育旅游资源被不断开发利用，体育旅游项目种类变得日趋丰富，根据体育旅游者参与体育旅游活动所处的空间，可以将其划分为水域型体育旅游者、陆域型体育旅游者和空域型体育旅游者三种类型。

1. 水域型体育旅游者

水域型体育旅游者是指在体育旅游活动中，主要以体验水上或水下的体育旅游项目为主，所依托的活动空间小到溪流沟渠，大到江河湖海。目前主要的水域型体育旅游项目有滑水、潜水、帆船、漂流、溯溪、游泳、皮划艇、冲浪等。这一类型的体育旅游者通常对水的适应能力和对水性的控制力较好，喜欢到广阔的海洋、蓝色的湖泊和激流的瀑布等水域空间开展各种各样的具有趣味性和挑战性的体育旅游活动。大多数水域型体育旅游者选择在夏季或温热带地区参与水上或水下体育旅游项目。

2. 陆域型体育旅游者

陆域型体育旅游者开展的体育旅游项目所依托的活动空间主要是以高山、河谷、平原、丘陵等自然地貌为主,具体项目有徒步、露营、山地自行车、滑雪、攀岩、登山、攀冰、滑草、骑马等。相对于水域型体育旅游者而言,陆域型体育旅游者的数量较多,因为陆域型体育旅游的项目更丰富,且随着季节的变化而不断交替和更新,可满足不同年龄阶段体育旅游者的需求。而水域型体育旅游项目,如果旅游者水性较差,会影响体育旅游活动的顺利进行。

3. 空域型体育旅游者

空域型体育旅游者在开展体育旅游项目时,主要以空域为活动空间,其项目包括热气球、滑翔伞、飞机跳伞、高空跳伞、滑翔翼、翼装飞行等。空域型体育旅游项目难度系数较高,危险性较高,因此不仅对参与者或体验者的运动技能、体能、心理素质具有较高要求,并且对器材、设备要求也高。在体验之前,需要对空中的风速、气流、气压等进行测量,以保证游活动的安全进行。

(四)根据参与体育旅游的目的划分

随着体育旅游业的快速发展,体育旅游者人数逐渐上升,越来越多的人乐于享受和体验体育旅游带来的经历和感受。根据体育旅游者参与体育旅游的目的,可以将其分为休闲娱乐型体育旅游者、休闲健身型体育旅游者和探险型体育旅游者三种类型。

1. 休闲娱乐型体育旅游者

休闲娱乐型体育旅游者是指以休闲娱乐为主要目的而进行体育旅游的群体,这一类型的体育旅游者主要通过参与或观赏体育旅游活动来放松身心。

随着生活节奏的加快，人们在高速运转的现代工作中承受着巨大的压力，很多人的生活宛如"时钟"，总是沿着同一轨迹不停地转动。通过参与或观赏体育旅游活动使自己暂时离开原本的生活或工作环境，投入一个新的环境当中，不仅能使体育旅游者在亲自参与活动的过程中获得不一样的体验，还能使其在观赏体育赛事、体育表演等活动中获得精神上的满足。

2. 休闲健身型体育旅游者

休闲健身型体育旅游者在旅游中主要是以强身健体为主要目的。随着社会生产力的不断发展，人们的工作方式也随之发生了很大的变化，这就导致主要以体力劳动为主的动态工作方式逐渐转化为以信息化静态为主的工作方式，人们伏案工作的时间越来越长，致使其身体机能、素质等逐渐下降。为了提高身体的健康水平，越来越多的人热衷于选择以体育旅游的方式来达到强身健体的目的，这种方式不仅能使体育旅游者收到强身健体的效果，而且还能使其在强身健体的过程中领略和感受大自然的神奇灵秀。这一类型的体育旅游者通常会选择登山、游泳、自行车越野、网球、高尔夫球等体育旅游项目。

3. 探险型体育旅游者

体育旅游者通过参加惊险刺激的体育旅游活动以实现探险、寻秘、挑战自我的目的。这一类型的体育旅游者往往根据自身的兴趣爱好来挑战自我，利用沙漠、高山、荒谷、冰山、瀑布、溶洞等自然景观进行探险和寻秘，并通过对大自然的探索，满足自我的好奇心和成就感，以追求精神上的满足和实现对自我的挑战。探险型体育旅游者一般会选择野外生存、溯溪、空中跳伞、攀冰、溶洞探险等刺激性和挑战性的项目。

（五）根据年龄阶段划分

由于不同年龄阶段的生理和心理特征存在差异，因此各个年龄阶段的体育旅游者对体育旅游的需求和爱好也有所差别。根据体育旅游者的年龄阶段，可将其分为老年体育旅游者、中年体育旅游者、青年体育旅游者和少年儿童体育旅游者等。

1. 老年体育旅游者

老年体育旅游者一般指 60 岁以上的旅游者，老年体育旅游者由于年龄较大，体力相对较弱，不太喜欢运动强度高、危险性大、刺激性强的体育旅游项目，较偏重于垂钓、自行车骑行、汽车自驾等较为轻松的活动。老年体育旅游者参与体育旅游时，倾向于选择一些具有娱乐性、消遣性、健身性、休闲性的短距离"跟团游"或者"组队游"。老年体育旅游者一般具有一定的经济基础，加之生活水平的提高使他们的身体状况得到改善，体质得到增强，不少老年人十分热衷于骑行活动。老年体育旅游者有充足的闲暇时间，他们可以避开旅游旺季，在气候宜人的季节开展体育旅游活动。

2. 中年体育旅游者

中年体育旅游者一般工作稳定，有稳定的经济收入，但往往因忙于工作而缺乏足够的闲暇时间，故很少外出参与体育旅游活动。因此，中年体育旅游者一般多利用国家法定节假日参与体育旅游活动，他们对于吃、住、行方面的要求较高。

3. 青年体育旅游者

青年体育旅游者热衷于追求时尚和流行的体育旅游项目，他们追求时尚，敢于挑战自我，善于表现自我，更喜欢参加竞技类、冒险类的体育旅游活动，如探险、漂流、越野、蹦极、溯溪、登山等。少部分青年白领由于收入较高，要求体育旅游活动项目的设备精良先进，而大部分青年体育旅游者因经济等条件的限制，比较倾向于选择自助体育游或是以组建"驴友团"的形式享受和体验体育旅游。

4. 少年儿童体育旅游者

少年儿童体育旅游者身体发育尚未成熟，经济上也没有独立，但家长出于培养和锻炼子女的目的，常让孩子参加一些体育旅游活动。少年儿童体育旅游者一部分随父母一道参与不同主题和类型的体育旅游活动，还有一部分利用寒暑假参加各种"夏令营""冬令营"和"训练营"，在这些活动中通常会安排一些体育旅游项目，如体育赛事的观摩、体育比赛等活动。

（六）根据消费能力划分

根据体育旅游者的消费能力，可将其划分为豪华型体育旅游者、大众型体育旅游者和经济型体育旅游者。

1. 豪华型体育旅游者

豪华型体育旅游者有较强的经济实力，要求体育旅游装备齐全而先进，体育穿戴用品多使用名牌，体育旅游中有较强的后勤支撑与安全保障，在体育旅游的过程中追求舒适且消费能力强，对其所享受的旅游服务质量要求较高。

2. 大众型体育旅游者

大众型体育旅游者具有一定的经济支付能力，在体育旅游中对器材装备方面要求简便实用，不在乎体育穿戴用品的品牌，在体育旅游过程中要求标准化服务且不追求奢侈消费。

3. 经济型体育旅游者

经济型体育旅游者多为一般收入的工薪阶层，他们对体育旅游的器材设备要求不高，体育旅游花费节俭，为降低旅游费用，通常不选择旅行社的服务。

（七）根据心理特征划分

美国心理学家斯坦利·C. 帕洛格（Stanley C. Plog）把人的个性特征分为自我中心型、近自我中心型、中间型、近多中心型、多中心型五大类。[①] 其中自我中心型和近自我中心型被归为内向型范畴，而近多中心型和多中心型则被划分为外向型范畴。帕洛格的研究表明，内向型的人具有很强的计划性，也就是说他们偏爱自己熟悉且擅长的体育旅游活动，而外向型的人则更具有挑战精神，往往选择惊险刺激的体育旅游活动。基于此，我们将体育旅游者划分为保守型体育旅游者、开放型体育旅游者和中间型体育旅游者。

1. 保守型体育旅游者

保守型体育旅游者表现为内向、以自我为中心、自律等性格特点，害怕到陌生的地方，喜欢到熟悉的地方旅游，多喜欢参加自己比较熟悉的体育运动项目；缺乏参加活动的主动性，所以接触的体育活动项目少。因此，这类体育旅游者在旅游时，大部分会选择"跟团游"，即通过购买体育旅行社的产品和服务减少对旅途的担忧和顾虑。此外，他们还会选择自己比较熟悉或相似的体育旅游项目，不大愿意接受和尝试新鲜的体育旅游项目，尤其是一些具有挑战性和冒险性的项目。

2. 开放型体育旅游者

开放型体育旅游者表现为外向、爱好新鲜事物、适应能力强、自信等性格特点，具有冒险精神，喜欢独自旅行，追求尝试时尚与新兴体育旅游项目。因此，开放型体育旅游者在旅游活动中的自主性和灵活性较强，敢于尝试不同类型的体育旅游项目，尤其热衷于追求具有冒险性和

---

① Stanley C. Plog. Why Destinations Areas Rise and Fall in Popularity. Cornell Hotel and Restaurant Administration Quarterly，14，No. 4（February，1984）：55-59.

探险性的体育旅游活动。

3. 中间型体育旅游者

中间型体育旅游者介于保守型体育旅游者和开放型体育旅游者之间，他们对体育旅游目的地的选择既不会选取较为熟悉的，也不会挑选较为陌生的地方，在体育旅游中主要以追求闲适、愉悦和放松为主。与保守型体育旅游者和开放型体育旅游者相比，中间型体育旅游者数量较多。

（八）根据出行方式划分

随着社会生产力和科技水平的不断提高，体育旅游者出行时可选择的交通工具愈发便捷多样，结合体育旅游项目的特点，根据体育旅游者抵达体育旅游目的地所使用的主要交通工具，可将其分为步行类体育旅游者、骑行类体育旅游者和自驾类体育旅游者。

1. 步行类体育旅游者

步行类体育旅游者往返出发地与体育旅游目的地之间时或在体育旅游目的地的游程中多采用步行的方式。采用步行的出游方式，使他们不仅可以在旅游沿途欣赏美丽的自然风貌和人文景观，还能体验和感受不一样的体育旅游经历，如"背包客"和"驴友团"等就是典型的步行类体育旅游者。一般步行类体育旅游者在选择旅游目的地时，会倾向于旅途较为适中的地方。

2. 骑行类体育旅游者

骑行类体育旅游者是指在参与体育旅游过程中以骑行方式出行，并且所选择的体育旅游项目与骑行工具有一定的联系，如自行车骑行、骑马、雪橇等。这一类型的体育旅游者在旅途中借助了外力的支撑，相较于步行类体育旅游者来说，其旅游目的地通常会选择稍远一些，但同时其也需掌握相应的骑行技术，如自行车骑行技术、骑马和骑骆驼技术等。

3. 自驾类体育旅游者

自驾类体育旅游者是指在体育旅游中以汽车驾驶作为主要出行方式的游客，其又被称为"自驾游体育旅游者"。这一类型的体育旅游者在出行前都会预先查阅好相应的旅游交通线路，以及备好旅途中所需的食物、住宿用具等必需品。相较于步行类和骑行类体育旅游者，自驾类体育旅游者的旅游行程安排具有较大的随意性。随着旅游市场的不断完善和体育旅游的兴起，汽车、房车等租赁行业有了较快发展，自驾类体育旅游者的数量也在不断增加。

第三节　体育旅游者产生的条件

体育旅游者作为体育旅游活动的主体，其产生和形成必然受到一定主客观条件的影响和制约。一方面，体育旅游者产生的体育旅游行为是主体主观需要的结果；另一方面，要实现主体主观意愿的体育旅游需求，也需要外部客观条件的支撑和维持。换言之，体育旅游者真正的形成既需要主体的主观需要，又离不开支持满足需要的外部客观条件。

一、体育旅游者产生的主观条件

（一）个人动机和需要层次理论

个人要实现体育旅游活动，并成为体育旅游者需要具备一定的主观条件，人们主观上具有外出体育旅游的动机是形成体育旅游者的内在驱动力。

产生体育旅游这一行为的原因有很多，但个人参与体育旅游的动机是其中最为关键的。体育旅游个人动机包括生理动机和心理动机。生理动机是为满足个体生理需求而产生的体育旅游动机，如恢复身心状态；心理动机则是为满足个体心理需要而产生的体育旅游动机，如获得心理的刺激。

通常情况下，人的需要被分为两类，即生存需要和精神需要。人们为了满足个人在社会中的生存和发展需要，必然会在客观世界中寻求生理、安全、爱与被尊重甚至自我价值实现等需要的满足。

美国著名的心理学家马斯洛提出了需要层次理论（Hierarchy of Needs），他认为人的需要有高低之分，低级层次的需要得以满足，较高层次的需要才会得以产生。当然，这并不意味着已被满足的低层次需要会不复存在，相反，这种层次的需要依旧存在，只是因个体的差异而有所不同。马斯洛将人的这种需要分为五个层次，由低至高依次如下：

生理需要（Physiological Needs）：人类对生存和繁衍所需的物质的需要，如饮水、食物、衣物、住房、性欲、医疗等。

安全需要（Safety Needs）：人类对所生活环境的安全感的需要，如社会治安、秩序、制度、福利、人身安全等。

归属与情感需要（Belongingness and Love Needs）：亲情、友情、爱情的需要，如亲人和朋友之间的信任、依赖、爱护、温暖、理解、归属感等。

受尊重需要（Esteem Needs）：自我尊重和被他人尊重的需要，如名声、声望、权利、威望、地位、独立的人格等。

自我实现需要（Self-actualization Needs）：最大限度地通过发挥自我创造力、自觉性和解决问题的能力实现社会价值的需要等。

这五个层次的关系如图 2-1 所示：

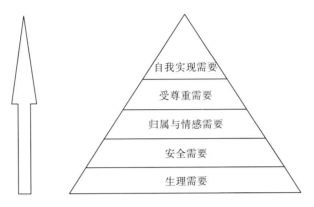

图 2—1　马斯洛的需要层次理论示意图

首先，生理需要是人类得以存在和繁衍的最根本最原始的需要，唯有该层次的需要得以满足，人类的生存和发展才成为可能。因此，满足生理需要是人类发挥主观能动性的物质保障。人们在生理需要得以满足的基础上，才会开始寻求生存所需的安全、稳定的环境。在前面两种需要满足的情况下，人们才会相继产生社交的欲望，即渴求得到别人的信任和依赖，得到其他成员的关心和照顾，希望在同伴之间找到心灵的共鸣，摆脱孤独和寂寞以获得团体的归属感。个体在和谐地融入一个团体之后，总是希望凭借自己的知识、能力在团体中获取权力、地位和威望，并且希望受到别人的尊重、信赖和高度评价。当求知的需求满足之后，人就开始对未知的世界产生好奇心，探索异质文化，从中获得美的感受，实现审美的需要。最终人们要实现自我的胜任感、成就感等社会价值，当达到这个阶段时，就会产生一种"高峰经验"（Peak Experience），即个体心灵上的满足感。① 体育旅游是人们在物质生活得到基本满足以后产生的对精神文化享受的需要，人们想要了解异地，感受新奇的东西，需要通过参加体育旅游活动来实现。很显然，体育旅游是一种超脱一般生理需要的高级形式的活动。体育旅游者可以在体育旅游的项目中体验、

---

① 高峰经验指日常生活、学习、工作、文艺欣赏或投身于大自然时，感受到的一种奇妙、着迷、忘我，并与外部世界融为一体的美好感觉。这种使人情绪饱满、高涨的"高峰经验"往往难以名状。

实现和挖掘自身的潜力。学术界提出人的一切行为源自需要——行为的产生离不开动机，而动机的生成有赖于需要。每当学者在探讨旅游动机时，几乎都会引用马斯洛的需要层次理论。而该理论对解释人类行为背后的动机做出了巨大的贡献。从人类生存发展历程的角度看，大多数人不会在基本需要未被满足的情况下从事任何旅游活动。如果人的生存都有问题，那么体育旅游动机与行为就难以产生。

根据需要层次与心理成长的关系来看，在这五个需要层次中，前四个层次的需要皆因物质或精神的匮乏而成，且不为个人的心理成长所必须。因此，被称为基本需要（Basic Needs），也称为"匮乏需要"（Deficiency Needs，简称 D-Needs），自我实现的需要与个体的心理成长密切相关，所以属于衍生需要（Mataneeds），也被称为"成长需要"（Growth Needs）。特别要提到的是，通常情况下各层次之间的递进是一个循序渐进螺旋状的发展模式，故相邻的层次之间并没有明确的界限，两者之间通常存在融合的部分。在这个发展过程中，两种需要此消彼长，当一种需要降低，另一种需要必然变得强烈。但是，如前文所述，较低层次的需要并不会随较高层次需要的产生而消失。最后，由于个人不同的经历，不同的人往往对不同层次渴求的强烈程度各不相同。

结合马斯洛需要层次理论分析，体育旅游的主观动机可分为以下几类。

1. 身心健康动机

身心健康动机表现为人们离开常住地而参加体育旅游，以消除疲劳、紧张和预防疾病。这类体育旅游活动包括各种竞争性或非竞争性运动、各种游戏或娱乐活动，如骑游、露营、攀岩、漂流、徒步等户外运动。

2. 文化动机

文化动机表现为求知与求美的欲望，如观赏精彩的花样滑冰。人们希望前往异地体验、了解不同的民族传统体育文化，以此来满足增长体育见识的需要。比如外国体育旅游者来到中国学习中国武术、了解中国传统体育文化，等等。

3. 交际动机

交际动机是为满足人们保持与他人、社会进行交往的需求而产生的动机。社会交往是人之本性，当今社会高速发展，社会竞争愈发激烈，人与人之间出现了"防护墙"，感情变得淡薄，彼此之间缺乏真诚的情感交流。而体育旅游可使人们暂时摆脱乏味的生活和烦琐的工作，从而认识和结交新朋友，扩大社交圈子，帮助人们在自然轻松的环境中放松身心并相互了解、沟通、交流，进而缩短人与人之间的距离。

4. 地位与声望的动机

地位与声望的动机产生于个体想获得群体的认同感与实现自我价值的需要，通过参与体育旅游活动可以满足其自尊，以及受人重视、赞赏、施展才华、取得成就等需要。比如人们登顶珠穆朗玛峰就是一种声望动机的表现。

（二）其他主观条件的影响

个体的体育旅游还会受到年龄、性别以及从众心理等其他主观条件的影响。

1. 性别、年龄

由于生理和心理的不同，男女在家庭和社会生活中的分工和作用不尽相同，在体育旅游动机上也表现出很大的差异。男女在体力方面的差异导致其对体育旅游内容的选择也有所不同。此外，人们在不同的年龄阶段会出现不同的体育旅游欲望和需求。

经分析发现，不同年龄阶段的体育旅游者在体育旅游行为中存在着明显的差异，消费需求差距很大。不同年龄阶段的人，其生理、心理、生活方式等方面有着较大的差异，这些同时成为影响体育旅游消费的因素。青年是体育旅游市场的主体，这与该年龄阶段体力充沛以及其求新、求奇、求知、求刺激的心理特征比较明显有关，他们喜欢刺激、激烈、惊险、趣味性和娱乐性高，以及对抗性与竞争性强的活动项目，如攀岩、漂流、蹦极、探险等；而中老年人对体育旅游中的健身、保健活动兴趣浓、需求大，活动的项目以中小运动强度项目为主，例如游泳、徒步、登山、钓鱼等。

2. 从众心理

"群体心理"的力量是强大的，群体的力量可以使个体为了群体共同的目标而放弃自己的个性以减小彼此的差异，使其表达的情感和思想与群体的目标吻合。即个体在本能、感染、暗示三种力量的相互作用下，在面临抉择时首先放弃自我的个性而屈从于群体的共性，这就是所谓的从众心理。体育旅游者的动机受相关群体的影响，如家庭、邻居、亲友和周围环境等。在实际生活中，人的社会属性决定了集体性的休闲体育旅游方式是大众休闲的主流，个人的休闲行为受到群体的影响。例如，在闲暇时，一群人出游踏青，当大多数人兴致勃勃地欲尝试骑游的快乐，而你也只有压抑住渴望攀岩的欲望，跟随大众的脚步骑上脚踏车，穿梭于田野间。这种数量上的压倒性优势和情绪上的感染性以及暗示性让个体自然而然地放弃个人的意愿，最终服从于群体的决策。

二、体育旅游者产生的客观条件

（一）体育旅游者产生的主要客观条件

1. 可自由支配收入

可自由支配收入就是个人或家庭收入中扣除应纳所得税、社会保障性消费、日常生活必须消费部分以及预防意外开支的储蓄之后剩余的收入。可自由支配收入是体育旅游主体实现体育旅游行为的基本要素之一。体育旅游活动的开展需要有一定的设施、设备支撑，故而体育旅游的消费比一般观光旅游的要高一些。因此，人们能否成为体育旅游者，在很大程度上取决于其经济支付能力。

根据恩格尔定律，在人们收入既定的条件下，用于衣、食、住、行及其他方面的支出比例基本不变；随着收入的增加，人们用于衣、食、住、行等基本生活方面的支出就会相对减少，而用于其他精神享受方面的支出则会相对增加。国际有关统计表明：当一个国家或地区人均国民生产总值达到 800—1000 美元时，居民将普遍产生国内旅游需求；超过 1000 美元时，将产生跨国旅游需求；在 3000 美元以上时，将产生洲际旅游需求；超过 10000 美元时，将产生环球旅游需求。[①] 中国从 20 世纪 70 年代末改革开放以来，国民生活水平日益提高，2022 年中国人均国民生产总值约 1.27 万美元，中国已从温饱型国家全面建设成小康社会，国民对体育旅游产生了强烈需求，故而中国体育旅游者的数量明显增加。

2. 闲暇时间增多

闲暇时间是人们可以不受其他条件的约束而完全根据自己的偏好或意愿去支配使用的个人时间，亦称自由时间。闲暇时间的类型主要有每日闲暇、每周闲暇、公共假日、带薪假期等。随着社会生产效率的提高，人们的闲暇时间在不断增加。1866 年，美国工人阶级第一次提出"三八制"的口号，要求 8 小时工作、8 小时休息、8 小时闲暇。1918 年，国际工人联合会正式通过了"三八制"工作制，美国和欧洲一些国家率先实行 8 小时工作制。1948 年 12 月 10 日，联合国大会通过并颁布了具有历史意义的《世界人权宣言》，规定最基本的人权是自由权、

[①] 臧良运. 旅游学概论［M］. 北京：电子工业出版社，2009：56.

平等权。《世界人权宣言》第二十四条规定：人人有享有休息和闲暇的权利。随后，人们用于工作的时间在逐步缩短，而闲暇时间则不断在增加。"五天工作制"和"带薪休假"等工作制度，使人们的闲暇时间越来越多，加之家务劳动逐渐由自动化的机器所承担，人们在工作之余有了更多的闲暇时间从事健身和体育旅游活动。显然，任何的体育旅游活动都必须有时间保障，缺少闲暇时间也就无法实施相应的体育旅游活动。因此，是否拥有足够的闲暇时间是影响人们能否成为体育旅游者，以及体育旅游活动是否能够实现的又一客观条件。

3. 自然环境因素

自然资源是人类生产和生活的基本条件，同时也是开展体育旅游活动的重要依托。气候与水资源、地形等地理因素共同作用形成的自然景观，为体育旅游提供了空间环境。丰富的地理环境促成了丰富的体育旅游项目：在广袤的草原，由于地形平坦，常年阳光充沛，便于开展一些具有浓郁民族特色的体育旅游项目，如赛马、射箭、摔跤等；在海拔比较高、大气气压低且氧含量低的高原地区，适合开展耐力性的体育旅游项目。

适宜的温度和明媚的阳光使人感到身心舒畅、渴望参与户外体育旅游活动；如果气候环境恶劣，则会使人感觉不舒服、心情沉闷压抑，导致人们参与体育旅游活动的热情降低。

（二）体育旅游者产生的其他客观条件

从客观条件上看，体育旅游需求的产生和发展是科学技术进步和社会生产力发展的结果，其中，国家政策的支持对体育旅游的发展影响极大，交通运输条件的改善对体育旅游者的产生创造了必不可少的条件，科学技术的高速发展也为体育旅游创造了更好的客观条件。

1. 国家政策的支持

2013 年，国务院发布的《国民旅游休闲纲要（2013—2020 年)》指出：要加强国民旅游休闲产品开发与活动组织，积极发展自行车旅游、体育健身旅游、温泉冰雪旅游、邮轮游艇旅游等旅游休闲产品。2014 年，国务院发布的《关于促进旅游业改革发展的若干意见》指出：要积极推动体育旅游，加强竞赛表演、健身休闲与旅游活动的融合发展，支持和引导有条件的体育运动场所面向游客开展体育旅游服务。2015 年，国务院发布的《关于进一步促进旅游投资和消费的若干意见》指出：要大力开发休闲度假旅游产品，鼓励社会资本大力开发泡温泉、滑雪等休闲度假旅游产品。2016 年，国务院发布的《关于加快发展健身休闲产业的指导意见》指出：大力发展体育旅游，制定体育旅游发展纲要，实施体育旅游精品示范工程，编制国家体育旅游重点项目名录，支持和引导有条件的旅游景区拓展体育旅游项目，鼓励国内旅行社结合健身休闲项目和体育赛事活动设计开发旅游产品和路线。2016 年，国家旅游局与国家体育总局发布的《关于大力发展体育旅游的指导意见》提出：加快培育体育旅游消费市场，持续优化体育旅游供给体系，不断提升体育旅游在旅游产业和体育产业中的比重。体育旅游基础设施和配套服务设施要不断完善，发展环境要进一步优化，基本形成结构合理、门类齐全、功能完善的体育旅游产业体系和产品体系。到 2020 年，在全国建成 100 个具有重要影响力的体育旅游目的地，建成 100 家国家级体育旅游示范基地，推出 100 项体育旅游精品赛事，打造 100 条体育旅游精品线路，培育 100 家具有较高知名度和市场竞争力的体育旅游企业与知名品牌，体育旅游总人数达到 10 亿人次，占旅游总人数的 15%，体育旅游总消费规模突破 1 万亿元。2017 年，国家旅游局和国家体育总局发布的《"一带一路"体育旅游发展行动方案（2017—2020)》提出：推进沿线国家之间的体育旅游深度合作，加速国内沿线地区体育旅游的融合发展，为人类命运共同体构建和国内区域的协调发展作出积极贡献。在

"一带一路"沿线区域形成一批知名体育旅游目的地和精品体育旅游赛事，通过有竞争力的体育旅游企业打造特色运动休闲项目，力争体育旅游人数比重超过地区旅游总人数的15％。

近几年来，国家大力出台相关政策来支持体育与旅游产业融合发展，从而促进了体育旅游的发展，体育旅游参与者数量明显增多。

2. 交通运输条件的改善

体育旅游是一种跨区域的空间位移活动，离不开交通运输工具及设施。随着现代科学技术的飞速发展，航空、航海及陆路交通运输条件亦不断完善和改进，大大地方便了人们旅游出行，极大地缩短了体育旅游的空间位移时间，改善了人们旅游出行的体验感，从而促进了体育旅游需求的产生。

3. 科学技术的高速发展

人工智能及材料科学的发展极大地促进了体育设施及器材的高科技化。例如，运动场地的地板被设计成一种综合的、多功能的，既可换成木制的、地毯的、海绵的，亦可换成人工草皮，使用方便安全，极大地提高了使用场地的灵活性。科学技术的不断进步也创造了一些新的体育项目，如直排旱冰鞋的出现使人们在夏天也能像冬天般在冰上自由滑行。各种高科技合金材料、碳纤维材料使体育器材更加轻便、结实、耐用，便于携带。网络信息技术的飞速发展使体育运动和体育旅游借助各种媒体传入千家万户，以至于世界亿万观众都能及时而全面地了解体育。许多著名运动员还拥有自己的网站或微博，使运动员、球迷、媒体实现了超时空的交流。互联网的普及为体育旅游产品的推介起到了推波助澜的作用，体育旅游产品的推介、体验走向了"虚实结合"的线上线下结合模式，这些新颖的体育旅游产品服务模式为形成更多体育旅游产品创造了条件。

第三章

体育旅游资源

随着体育旅游业的不断发展，人们越来越重视体育旅游资源的开发与利用。对体育旅游资源进行合理有效的开发利用，有助于丰富体育旅游的形式和内容，充分挖掘体育旅游资源的价值，在一定程度上决定了体育旅游业的发展水平，也有利于促进地方经济发展。

第一节 体育旅游资源的含义

人们对体育旅游资源的认识存在差异，因而会产生不同的理解，所以，正确认识体育旅游资源显得尤为重要：一方面有助于体育旅游者根据自身的兴趣爱好和个体身心的需要选择体育旅游目的地，另一方面有益于充分挖掘展示体育旅游资源所蕴含的真正价值和对旅游者的吸引力，使体育旅游者"游在其中、健在其中、乐在其中"。要准确界定体育旅游资源，我们还要领会旅游资源的含义。

一、旅游资源的含义

因研究视角的不同，目前学界对旅游资源含义的表达不甚统一。有的学者从旅游资源的构成要素角度来定义旅游资源，提出凡是构成吸引旅游者的自然和人类社会因素，亦即旅游者的旅游对象或目的物，统称为旅游资源。[1] 有的学者明确了旅游资源功能价值，认为旅游资源指自

---

[1] 李天元. 旅游学概论［M］. 天津：南开大学出版社，2007：117.

然界和人类社会凡能对旅游者产生吸引力，可以为旅游业开发利用，并可产生经济效益、社会效益和环境效益的各种事物和因素。[①] 有的学者从旅游资源的需求动机视角来阐明旅游资源，认为旅游资源首先指的是不同历史时期旅游主体所能认知的旅游吸引物，其次是指旅游个体为满足观赏、体验旅游吸引物的需要而创造出来的新的吸引物。[②] 简而言之，旅游资源是能够激发旅游动机和实施旅游行为的诸多因素的总和，是旅游业产生和发展的基础。

本书采用中国国家标准化管理委员会发布的《旅游资源分类、调查与评价》对旅游资源的定义，即自然界和人类社会凡能对旅游者产生吸引力，可以为旅游业开发利用，并可产生经济效益、社会效益和环境效益的各种事物和现象。

二、体育旅游资源的含义

作为体育旅游活动客体的体育旅游资源，对体育旅游者具有吸引性，能够激发体育旅游者的体育旅游动机。体育旅游资源可以通过开发而成为体育旅游产品，产生经济价值。目前，学者对体育旅游资源含义的阐释一方面基于由体育旅游资源的吸引性而激发的体育旅游需求，另一方面突出体育旅游资源的经济效益和社会效益。也有学者融合体育旅游资源的吸引性与经济性等特征，提出体育旅游资源是在自然界或人类社会中，经科学合理的开发，凡能对体育旅游者产生吸引力，并能进行体育旅游活动，为旅游业所利用且能产生社会、经济、生态效益的各种事物与因素的总和。

综上所述，要对体育旅游资源的含义进行全面而高度的概括，还是要以体育旅游资源的吸引性和经济性为基本点。笔者认为，体育旅游资

---

① 骆高远，吴攀升，马骏. 旅游资源学［M］. 杭州：浙江大学出版社，2006：1.
② 杨学峰. 旅游资源学［M］. 北京：中国发展出版社，2009：3.

源为凡是能对体育旅游者产生吸引性并能激发其体育旅游动机的自然或人文资源的总和，它可以为体育旅游业利用并产生经济效益与社会效益。

第二节　体育旅游资源的分类与特性

一、体育旅游资源的分类

体育旅游资源是体育旅游业的基础，与旅游自然资源和人文资源相关联，换言之，体育旅游资源除有其自身特征外，还具有旅游资源的一般属性。本书先根据旅游资源属性及《旅游资源分类、调查与评价》的规定对体育旅游资源进行一般分类，再结合体育旅游活动的性质与特征等对其进行细化分类。我们认为，可将体育旅游资源分为体育旅游自然资源和体育旅游人文资源两大主类，并进一步划分其亚类及基本类型。

（一）体育旅游自然资源

体育旅游自然资源是指由多种地理环境要素综合作用而形成的地质地貌、水文、生物、气象气候等资源。这些自然资源经过开发利用后成为能够吸引体育旅游者的体育旅游吸引物（体育旅游对象和体育旅游设施）。体育旅游自然资源包括独具特色的地质地貌环境、罕见奇特的天象景观、富有层次动态的水景等。体育旅游自然资源依据自然环境类型可分为地文类、水域类、空域类、生物类。类型多样的体育旅游自然资源与体育旅游活动相结合，形成各具特色的体育旅游产品。

表 3-1　体育旅游自然资源分类

主类	亚类	基本类型
体育旅游自然资源	地文类	山地、山峰、石林、高原、盆地、峡谷、洞穴、戈壁、沙漠、沙丘、沙滩、泥地、冰川、雪山、溶洞、岛礁等
	水域类	海洋、江河、湖泊、溪流、瀑布、水库、水塘、冰雪等
	空域类	天象、气候景观等
	生物类	林地、丛树、草原、草地等

注：据 2017 年中国国家标准化管理委员会发布的《旅游资源分类、调查与评价》内容制作。

（二）体育旅游人文资源

体育旅游人文资源是指诸多社会历史文化、体育项目文化、民族传统体育文化等人文元素的总和。它是古今人类社会活动、体育文化成就、文化艺术积淀、民族传统体育文化的集中体现。体育旅游人文资源是人类文明发展的文化结晶，是历史文化与时代的印迹。由于体育旅游人文资源极具地域特色且种类繁多，不但有无形的精神文化资源，还有有形的物态文化资源，故而吸引着体育旅游者前往参与或观赏。例如，大型体育赛事、各种民族传统体育活动、体育节事、体育主题公园、体育历史建筑及场地、古建筑工程，等等。

体育旅游人文资源借助人文资源这个载体，将体育旅游活动与之结合，形成的体育旅游活动有其丰富的人文内涵。

表 3-2　体育旅游人文资源分类

主类	亚类	基本类型
体育旅游人文资源	历史遗址、工程（物态）	人类文化遗址、古代历史走廊、古人类遗址、古代伟大工程、古镇、军事遗址、陵园等
	民族、民俗、重大节事类（无形）	民族传统体育项目、民族传统节庆、体育文化节、重大体育赛事等
	体育旅游商品类	运动装备中心、大型运动服装中心、养生产品基地等
	主题公园、营地、建筑、特色小镇、园林类	特色园林、植物园、体育主题公园、著名体育场馆建筑、运动小镇、户外营地等

注：据 2017 年中国国家标准化管理委员会发布的《旅游资源分类、调查与评价》内容制作。

二、体育旅游资源的特性

体育旅游资源的自然属性和人文属性决定了其既可以是物质形态，也可以是非物质形态。除了具有旅游资源的一般属性外，体育旅游资源还有其独特性。体育旅游资源的独特性对体育旅游者产生了极大的吸引力，从而满足了他们的体育旅游需求。

（一）季节变化性

体育旅游自然资源受其所在地经纬度、地势、海拔、气候等因素的影响，呈现出季节变化性。比如：在冬季高纬度地带，一片银装素裹，正是开展冰雪体育旅游、观赏冰雕的大好时节；低纬度的高山峡谷，往往会见到从山麓到山顶的景观一年四季各有不同，诸多体育旅游自然资源依托气象气候、山岳、水体、植被等要素会随季节的周期性变化而呈现不同的特点，并由此形成相应的体育旅游产品，以满足体育旅游者的需求。

（二）地域差异性

特定的地理环境形成独特的体育旅游自然资源，因此体育旅游自然资源具有地域差异性。任何体育旅游自然资源的形成都与当地的自然条件和自然环境密切相关，如澳大利亚的凯恩斯黄金海岸，绵延千里的大堡礁景观，形成了丰富的天然水域体育旅游资源。中国南方靠海地区属于热带、亚热带季风气候，降水量较多，因而水域体育旅游资源比较丰富，可利用海上和海滩旅游资源开展冲浪、潜水、帆船、海底探险等体育旅游活动。而中国北部地区降雪丰富，可利用冰雪旅游资源开展越野滑雪、高山滑雪等体育旅游活动。

自然地理环境的差异必然带来人类的生产与生活方式的不同，人类在特定自然环境求生存的过程中，创造出了各具特色的地域文化，也形成了具有地域性、民族性特征的体育人文旅游资源。例如，生活在草原上的民族擅长骑马，因为马是当地居民谋生的主要工具。例如那达慕大会是居住在内蒙古自治区等地的蒙古族的盛大集会，那达慕大会主要有摔跤、赛马、射箭、套马、下蒙古棋等民族传统项目。那达慕大会上的各项活动是力与美的展现、体能和智慧的较量、速度和耐力的比拼，比较全面地展示了生活在草原上的蒙古族人的社会文化和历史文化。由于体育旅游人文资源的地域差异性，使得体育旅游人文资源丰富多彩且具有吸引性，促使不同地域的体育旅游者产生前往他国或他地参与体育旅游的想法。

（三）文化性

体育旅游资源的表象为物态与非物态，在物态与非物态表象的文化内涵下是体育旅游资源可持续发展的核心，尤其是体育旅游人文资源作为人类文化的结晶，具有鲜明的精神属性与文化属性，由历史上传承而来的各种民族体育活动及古建筑、古墓葬、古典园林、文物古迹等文化遗存，都反映了当时的科学文化和艺术水平。奥林匹克运动会起源于古希腊祭祀活动，现如今奥林匹克运动会已经成为世界人民追求和平与友谊的体育盛会，是充分展现各个国家综合国力的舞台。体育旅游人文资源作为人类智慧的产物，它以有形的物质形态外观表现了无形的精神文化内含。如鸟巢、水立方等在北京奥运会期间建成的各式各样的体育场馆，自北京奥运会举办过后，已经成为中国体育旅游人文资源的组成部分，其精神属性体现出奥运会所具有的"更高、更快、更强"的体育内涵，以及追求和平、公平竞争的体育文化；万里长城作为中国的人文旅游资源，是中华民族精神的象征与文化标识，体育旅游者在攀爬和欣赏长城的过程中可感受中华民族的伟大精神与传统文化。因此，体育旅游人文资源体现了不同时代的社会历史与文化生活，使其具有了文化属性和独特魅力。

第三节　体育旅游资源评价

一、体育旅游资源评价的意义

体育旅游资源评价是在体育旅游综合调研的基础上，以体育旅游资源为核心，对体育旅游资源要素价值、体育旅游资源影响力、体育旅游资源环境质量与设施安全、交通条件、市场需求及经济条件等方面进行综合、合理及科学的评估。

通过对体育旅游资源的评价，可以为新体育旅游目的地的开发建设和已开发的体育旅游区的发展、提高、改造、扩大规模及推出新的体育旅游产品提供依据。通过对体育旅游资源的存在条件、生态环境、体育旅游开发条件的鉴定，可以划分成不同等级，为体育旅游资源开发提供准确的评估标准；通过综合评价，可以为合理利用体育旅游资源，发挥区位优势与特色，形成整体的体育旅游概念规划提供思路。

二、体育旅游资源评价指标及方法

（一）体育旅游资源评价指标

体育旅游资源评价涉及体育、艺术、自然、历史、地理、气候、经济、科技等方面的知识。体育旅游资源评价既要切合体育旅游资源的实际情况，又要结合体育旅游项目的特点，更要突出体育旅游资源的独特性，将体育旅游资源与运动项目高度融合起来。目前，对体育旅游资源的评价并没有统一的指标，本书以2017年中国国家标准化管理委员会发布的《旅游资源分类、调查与评价》为基准，以市场体育旅游需求为导向，结合体育旅游资源评价的指标与体育旅游资源的特色价值，全面系统地介绍体育旅游资源评价指标。

1. 体育旅游资源的要素价值

（1）体育旅游的观赏游憩使用价值。

体育旅游活动具有动态性，其动态性所带来的美感以及惊险刺激度等决定了体育旅游的质量，所以体育旅游活动的观赏游憩使用价值是一项重要的评价指标。

（2）体育旅游资源所蕴含的历史、文化、科学与艺术价值。

体育旅游资源蕴含诸多社会历史文化、体育项目文化、民族传统体育文化等人文价值。体育旅游资源蕴含的历史、文化、科学与艺术价值极具吸引性，也是体育旅游重要的评价指标。

（3）体育旅游资源的珍稀奇特程度。

体育旅游资源的珍稀奇特程度体现了资源的新、奇、特，可满足体育旅游者求新、求奇、求特的需求，因此其珍稀奇特程度也是评价体育旅游资源的一项重要指标。

（4）体育旅游资源的规模、丰度与几率。

以独立型体育旅游资源单体的规模、体量，集合型体育旅游资源单体的结构与疏密程度，自然景象和人文活动周期性发生或频率高低为评价指标，体现出体育旅游资源规模大小、资源的独一性，以及体育旅游资源结构与疏密程度和体育旅游资源对体育旅游者的吸引度。

（5）体育旅游资源的完整性。

这一指标主要评价体育旅游资源形态与结构的完整程度。

2. 体育旅游资源的影响力

（1）体育旅游资源的知名度和影响力。

以体育旅游资源在全世界、全国、省内及地区范围内的知名度，或构成全世界、全国、省内及地区承认的名牌影响力为评价标准。

（2）体育旅游资源适游期或使用范围。

根据体育旅游资源适宜体育旅游的有效天数，或适宜于体育旅游者使用和参与的人数范围做出评价。

3. 体育旅游资源的附加值

评价体育旅游资源环境保护与环境安全。主要观察体育旅游环境或设施的污染程度与安全隐患，良好的体育旅游生态环境与安全的设施保障是重要的评价指标。

（二）体育旅游资源评价方法

体育旅游资源的评价方法主要分为定性评价与定量评价两种。定性评价是定量评价的前提与基础，而定量评价的方法能更准确、全面地反映体育旅游资源的表征与价值，评价体育旅游资源一般要结合定性评价与定量评价两种方法。

1. 定性评价

（1）体验性评价方法。

体验性评价方法是指由评价者直接体验单项体育与组合体育旅游资源，根据评价者对体育旅游资源质量的感知得出评价。由于体育旅游的主观性很强，因此体验性评价方法是进行体育旅游资源评价的主要方法之一。

（2）"三三六"评价方法。

体育旅游资源"三三六"评价方法包括体育旅游资源的"三价值评价""三效益评价"和"六大开发条件评价"。体育旅游资源的"三价值评价"是指体育旅游资源的历史文化价值、艺术观赏价值和科学考察价值；体育旅游资源的"三效益评价"是指体育旅游资源开发后所产生的经济效益、社会效益和环境效益；体育旅游资源的"六大开发条件评价"指体育旅游资源所在地的地理位置和交通条件、体育旅游资源的地域组合条件、体育旅游环境容量、体育旅游客源市场、市场投资能力、施工难易程度等六个方面。[①]

2. 定量评价

（1）等级评价法。

等级评价法通常采用计分的形式，针对体育旅游资源要素价值中的各项指标进行赋分，如体育旅游观赏游憩使用价值，体育旅游资源蕴含的历史、文化、科学与艺术价值等，然后根据各要素价值所得分数对体育旅游资源进行等级划分。

（2）数理统计法。

这种评价方法是依据各项有关体育旅游资源的数据资料，用数值对评价对象的特性进行描述和判断。这种方法相较于其他主观性较强的评价方法更加科学、准确。

三、体育旅游资源等级评分标准

（一）基本分值

体育旅游资源评价项目和评价因子用量值表示，体育旅游资源要素价值和资源影响力总分值为100分，其中"体育旅游资源要素价值"为85分，分配如下："观赏游憩使用价值"30分；"蕴含的历史、文化、科学与艺术价值"25分；"珍稀奇特程度"15分；"规模、丰度与几率"10分；"完整性"5分。另外，"体育旅游资源影响力"为15分，其中"知名度和影响力"10分；"适游期或使用范围"5分。"体育旅游资源附加值"中"环境保护与环境安全"分为正分和负分。详见表3-3。

---

① 黄细嘉，李雪瑞. 我国旅游资源分类与评价方法对比研究［J］. 南昌大学学报，2011（2）：98.

表 3-3　体育旅游资源评价赋分标准

评价项目	评价因子	评价依据	赋值
体育旅游资源要素价值（85分）	观赏游憩使用价值（30分）	全部或其中一项体育旅游资源具有极高的观赏价值、游憩使用价值。	30—22
		全部或其中一项体育旅游资源具有很高的观赏价值、游憩使用价值。	21—13
		全部或其中一项体育旅游资源具有较高的观赏价值、游憩使用价值。	12—6
		全部或其中一项体育旅游资源具有一般的观赏价值、游憩使用价值。	5—1
	蕴含的历史、文化、科学与艺术价值（25分）	同时或其中一项体育旅游资源具有世界意义的历史价值、文化价值、科学价值、艺术价值。	25—20
		同时或其中一项体育旅游资源具有全国意义的历史价值、文化价值、科学价值、艺术价值。	19—13
		同时或其中一项体育旅游资源具有省级意义的历史价值、文化价值、科学价值、艺术价值。	12—6
		体育旅游资源的历史价值或文化价值或科学价值或艺术价值具有地区意义。	5—1
	珍稀奇特程度（15分）	体育旅游资源有大量珍稀物种，或景观异常奇特，或此类现象在其他地区罕见。	15—13
		体育旅游资源有较多珍稀物种，或景观奇特，或此类现象在其他地区很少见。	12—9
		体育旅游资源有少量珍稀物种，或景观突出，或此类现象在其他地区少见。	8—4
		体育旅游资源有个别珍稀物种，或景观比较突出，或此类现象在其他地区较多见。	3—1
	规模、丰度与几率（10分）	独立型体育旅游资源单体规模、体量巨大；集合型体育旅游资源单体结构完美、疏密度优良级；自然景象和人文活动周期性发生或频率极高。	10—8
		独立型体育旅游资源单体规模、体量较大；集合型体育旅游资源单体结构很和谐、疏密度良好；自然景象和人文活动周期性发生或频率很高。	7—5
		独立型体育旅游资源单体规模、体量中等；集合型体育旅游资源单体结构和谐、疏密度较好；自然景象和人文活动周期性发生或频率较高。	4—3
		独立型体育旅游资源单体规模、体量较小；集合型体育旅游资源单体结构较和谐、疏密度一般；自然景象和人文活动周期性发生或频率较小。	2—1

续表3-3

评价项目	评价因子	评价依据	赋值
体育旅游资源要素价值（85分）	完整性（5分）	体育旅游资源形态与结构保持完整。	5—4
		体育旅游资源形态与结构有少量变化，但不明显。	3
		体育旅游资源形态与结构有明显变化。	2
		体育旅游资源形态与结构有重大变化。	1
体育旅游资源影响力（15分）	知名度和影响力（10分）	体育旅游资源在世界范围内知名，或构成世界承认的名牌。	10—8
		体育旅游资源在全国范围内知名，或构成全国性的名牌。	7—5
		体育旅游资源在本省范围内知名，或构成省内的名牌。	4—3
		体育旅游资源在本地区范围内知名，或构成本地区名牌。	2—1
	适游期或使用范围（5分）	体育旅游资源适宜体育旅游的日期每年超过300天，或适宜于所有体育旅游者使用和参与。	5—4
		体育旅游资源适宜体育旅游的日期每年超过250天，或适宜于80％左右体育旅游者使用和参与。	3
		体育旅游资源适宜体育旅游的日期每年超过150天，或适宜于60％左右体育旅游者使用和参与。	2
		体育旅游资源适宜体育旅游的日期每年超过100天，或适宜于40％左右体育旅游者使用和参与。	1
体育旅游资源附加值	环境保护与环境安全	体育旅游环境已受到严重污染，或存在严重安全隐患。	—5
		体育旅游环境已受到中度污染，或存在明显安全隐患。	—4
		体育旅游环境已受到轻度污染，或存在一定安全隐患。	—3
		体育旅游环境已有工程保护措施，环境安全得到保证。	3

注：依据2017年中国国家标准化管理委员会发布的《旅游资源分类、调查与评价》内容制作。

（二）赋分标准

根据所确定的体育旅游资源评价指标及等级评分标准，可以对体育旅游资源进行综合的评价并赋予分值。在计算综合得分时，可以将各评价指标分为若干等级并给出相应的等级评分标准。

（三）等级划分

根据对体育旅游资源单体的评价，得出该单体体育旅游资源共有综合因子评价赋分值。依据体育旅游资源单体评价总分，将体育旅游资源等级分为五级，从高级到低级依次如下：五级体育旅游资源，得分值域≥90分；四级体育旅游资源，得分值域≥75—89分；三级体育旅游资源，得分值域≥60—74分；二级体育旅游资源，得分值域≥45—59分；一级体育旅游资源，得分值域≥30—44分。五级体育旅游资源为"特品级体育旅游资源"，四级体育旅游资源为"极品级体育旅游资源"，四、五级体育旅游资源开发建设价值大。三级体育旅游资源为"优质级体育旅游资源"，二级体育旅游资源为"良好级体育旅游资源"，二、三级体育旅游资源有较大的开发建设价值。一级体育旅游资源为"普通级体育旅游资源"，开发建设价值一般。

第四节　体育旅游资源的开发与保护

体育旅游资源能激发人们产生体育旅游动机，其吸引力的强弱决定了体育旅游者的参与度。所以，体育旅游资源的开发就是把"资源"建设成为体育旅游者参与体育活动、强身健体、观赏赛事的目的地。体育旅游资源的开发一般是在已有自然资源的基础上规划建设体育旅游设施，或者是新开发建设体育旅游景区及设施。体育旅游资源的开发利用，不但要考虑经济效益，还要考虑社会效益与环境效益。

一、体育旅游资源的开发

（一）体育旅游资源开发的含义

体育旅游资源开发要以市场需求为导向，以有效改善、提升体育旅游资源的吸引力为目的而有计划、有组织地对其进行开发利用，其结果会产生经济、社会、环境等方面的效益。体育旅游资源开发具有两层含义：一是提升体育旅游资源所在地同外界沟通往来的通畅和便利程度，改变、提高体育旅游资源的可进入性。二是对已有体育旅游资源的挖掘利用，对其配套设施的合理完善。体育旅游资源的开发利用一定要有效保护自然生态环境，只有科学的保护与合理的开发利用，才可能使体育旅游资源产生最大的社会效益、经济效益与环境效益，延续体育旅游资源的生命周期，充分满足体育旅游者的需求。

体育旅游资源的开发一般分为专项项目开发与组合项目开发。专项项目开发就是以单一的体育项目对体育旅游资源进行开发利用，如攀岩体育旅游资源项目。由于体育旅游资源分为自然旅游资源与人文旅游资源，因此体育旅游资源的开发也有组合项目开发。组合项目的开发要整体规划，完善配套设施，提高可进入性。组合项目的开发是要将其打造成一个具有吸引力的综合体系，使之具有良好的生态环境。

（二）体育旅游资源开发的原则

1. 以人为本原则

体育旅游者是体育旅游的主体，也就是说，体育旅游者是体育旅游活动的直接或间接参与者，如果没有体育旅游者的参与，体育旅游活动就失去了意义，也就无法正常开展。因此，在体育旅游资源开发中应以体育旅游者为本，以体育旅游者、企业、体育旅游地居民及旅游从业者的利益为出发点，使体育旅游者得到物质上和精神上的满足，同时也能让体育旅游从业者从中获得应有的经济回报，特别是体育旅游地居民可从体育旅游发展中得到物质上的富足与精神上的享受，这就要求"以人为本"，科学、规范、可持续地利用体育旅游资源。

2. 保护生态环境原则

由于体育旅游资源具有唯一性，尤其是体育旅游自然资源生态环境遭受破坏后难以恢复，因此在开发利用体育旅游资源时，应注重体育自然资源的生态环境保护。对体育旅游资源进行开发和利用是为了有效延续体育旅游资源的生命周期，为此就要有效地保护资源、改善资源环境，以"绿水青山就是金山银山"为体育旅游资源开发利用的重要理念，一定要树立绿色体育旅游的观念，遵循相应的自然规律，在生态环境有限的承载力和资源利用率的基础上，对资源的开发持有保护性的可持续发展态度和政策。体育旅游资源开发要向人文指标、资源指标、环境指标等基本价值维度延展，合理有效地将经济、社会、生态三方面的效益综合统一起来。

3. 安全性原则

安全性是体育旅游企业开发体育旅游资源要重点关注的问题，也是体育旅游者最为关心的问题。在任何体育旅游活动过程中，体育旅游者首先要考虑的就是体育旅游目的地设施、设备的安全保障问题，其次就是体育旅游目的地的交通、食宿、治安等安全问题。加之体育旅游资源许多项目富有挑战性、刺激性和冒险性，因此在进行体育旅游资源开发时要特别注重安全防范措施，以确保体育旅游者在参与体验体育旅游活动过程中的人身安全。

4. 突出特色原则

体育旅游资源开发价值的大小取决于体育旅游资源的独特性，故而要形成体育旅游资源的特色。体育旅游资源的独特性是体育旅游目的地能够吸引体育旅游者的根本原因。因此在体育旅游资源的开发中，应突出体育旅游资源的专属特色。比如，体育旅游人文资源所赋予的古代伟大工程、军事遗址、体育小镇、民族传统体育与体育节事等特色文化内涵的挖掘、开发。

在进行体育旅游资源开发时，要因地制宜，结合体育旅游地的地势、气候、民俗、民族的体育特色项目等自然景观、人文景观，以开发出别具一格的体育旅游资源；也可以在已开发体育旅游资源的基础上不断挖掘、创新，打造出独具特色的体育旅游资源。

5. 市场导向原则

市场导向原则是根据体育旅游者的需求来确定体育旅游资源开发的主题、类别、层次及所面向的人群等。有效地吸引一定规模和数量的体育旅游者是体育旅游资源开发获取最大的经济效益和社会效益的保障。这就要求体育旅游资源开发时，首先，要牢固树立以市场为导向的原则，在了解目标消费群体定位、体育旅游的市场需求情况，预测市场未来，分析市场动态的基础上，以体育旅游目标市场需求作为制定开发体育旅游新产品的基本出发点；其次，要以最大限度地满足体育旅游者需求为标准，准确把握市场需求及其变化规律，结合体育旅游资源的地域特色，选择有地域特色的体育旅游资源开发体育旅游新产品，从而减少在开发过程中的盲目性。

二、体育旅游资源开发项目分类及内容

体育旅游资源是体育旅游活动的客体，也是体育旅游业发展的基础，体育旅游资源的开发应基于合理的资源组合、地域的独特性以及对历史文化的挖掘，有效地开发体育旅游资源往往会对体育旅游者产生巨大的吸引力，从而推进体育旅游业的可持续发展。

（一）体育旅游资源开发项目分类

前文述及，体育旅游资源分为体育旅游自然资源和体育旅游人文资源两大主类，其中，前者包含地文类、水域类、空域类及生物类四个亚类，后者包含历史遗址、工程类，民族、民俗、重大节事类，体育旅游商品类，主题公园、营地、建筑、特色小镇、园林类四个亚类。根据不同亚类各自的特征和优势对体育旅游资源进行开发，可将体育旅游自然资源开发为：（1）地文类项目，如个人徒步、群体徒步、山地自行车、沙漠越野、自驾游、登山、攀岩、洞穴探险、沙漠探险、沙滩排球、滑沙等。（2）水域类项目，如冲浪、潜水、游泳、垂钓、漂流、瀑降、皮划艇、赛龙舟、滑水、溯溪、帆船、漂流、赛艇、溜冰、滑雪、滑冰等。（3）空域类项目，如热气球、滑翔伞、滑翔翼等。（4）生物类项目，如滑草、定向越野、森林探险、森林穿越、森林寻宝、野外求生等。

同理，可将体育旅游人文资源开发为：（1）历史遗址、工程类项目，如考古探险、徒步穿越、驾车文化溯源、骑行等。（2）民族、民俗、重大节事类项目，如射弩、射箭、摔跤、赛马、抢花炮、舞龙、舞狮、秋千、珍珠球、押伽、高脚、陀螺、民族健身操、民族歌舞竞赛、那达慕大会、火把节、龙舟节、世界及国内体育重大赛事等。（3）体育旅游商品类项目，如运动饮品与养生特产、运动穿戴装备用品、运动服装等。（4）主题公园、营地、建筑、特色小镇、园林类项目，如观光游览、汽摩营地、模拟真人野战、定向穿越、徒步观赏游玩、体育竞赛等。

体育旅游资源开发项目既有单一型的，也有组合型的。因此，体育旅游资源项目开发应因地制宜，并综合考虑客观存在的资源状况和市场需求，合理开发与之相对应的体育旅游项目。

（二）体育旅游资源开发项目内容

1. 休闲娱乐型体育旅游项目开发

休闲娱乐型体育旅游项目是指以娱乐、消遣、休闲、放松为目的，最终满足身体和精神上的愉悦性需求的多种体育旅游活动的总称。它强调的是回归自然、放松身心，在休闲过程中重点是获得愉悦的情感。因此，对这类体育旅游项目的开发要注重体育旅游者的参与及体验感，弱化项目的竞技性。

（1）高尔夫球项目。

高尔夫球场是由草地、湖泊、沙地和树木等自然景物，经球场设计者的精心设计创造展现在人们面前的艺术品。它一般建在丘陵地带开阔的缓坡草坪上，经过人工绿化和独具匠心的点缀，自然景观与现代化建筑融为一体。其占地广阔，风格各异。由于高尔夫球场是依据原场址地形、地貌而设计建造，因此世界上几乎不存在完全相同的高尔夫球场。高尔夫球场的设计和建造不仅是一门技术，更是一门艺术。许多建筑师在高尔夫球场的设计上大做文章、标新立异。有人把球场建在高山上，也有人把球场建在低谷里，还有人把球场建在海岛上，等等。高尔夫球场一般分为标准高尔夫球场、微型高尔夫球场、室内模拟高尔夫球场。标准高尔夫球场占地面积一般为 60—100 公顷，球场中以 18 洞构成最多，其标准杆数为 72 杆；每 9 洞为半场，其标准杆数为 36 杆。高尔夫球场中以 9 洞为一单位，1 号洞至 9 号洞为前半场，10 号洞至 18 号洞为后半场。微型高尔夫球场占地面积小，一般只需 800—1500 平方米。它主要建立在城市中心地带，主要目的是给上班一族带来绿色休闲空间。一般设计有 9 洞、18 洞等。室内模拟高尔夫球场是利用电脑模拟高尔夫球设施，使休闲运动者有身临其境的感觉。随着高尔夫球运动及高尔夫球场相关产业的发展，现代高尔夫球场的设施和运动条件不断趋于完善，功能也更趋于多元化。例如，高尔夫球场附近规划设计度假别墅及其他运动设施，或是邻近旅游景点，连接成旅游路线，这样便有效增加了球场的功能。按照其内部区域和功能的不同，高尔夫球场可以划分为三个主要功能区域：会馆区、球道区和草坪管理区。各功能区在管理上具有独立性，但在功能上相辅相成。

高尔夫球运动项目的开发设计要把握其特点，只有把握了它的运动特点才能进行有效地产品开发设计。高尔夫运动项目的主要特点有五点：第一，它是一项根植于大自然的运动。高尔夫球场依据地形地貌规划和设计，与大自然融为一体，它不仅为球手提供了一个广阔的活动空间，也使球手在运动的同时享受到优美的自然风光，使其获得宁静，从而可以舒缓心理压力，松弛神经，消除疲劳，恢复身心。从这个意义上说，高尔夫球场是回归自然的最佳去处，是最大的"氧吧"，最大的"太阳康复中心"。第二，高尔夫是适合各种年龄、性别、体态、体能状况者的运动项目。儿童可以打高尔夫球，八九十岁的老年人只要适度适量亦可以上球场上挥上几杆。由于高尔夫球运动不受场地距离长远的限制，既可以步行，也还可以搭乘球车，球手可以根据自身的体力情况来调整运动的节奏与强度。第三，高尔夫球运动是以球手自身为对手的运动项目。从比赛方式来看，高尔夫球员在比赛过程中完全是"独立作战"，球员"自扫门前雪"，打得好坏与对手无关，全取决于自己，所以有人说，如果说高尔夫有假想敌的话，那就是球员自己，就是球场。因此球员战胜自己，战胜球场便是高尔夫球运动的特色之一。第四，高尔夫球运动是运动创伤最少的项目。运动过程中球手之间没有身体接触，更不会出现类似足球、篮球比赛中故意拉人、绊人、伤人等行为，因而打高尔夫球除了场地原因可能引起脚部扭伤外，几乎没有造成运动创伤的外界因素。第五，高尔夫球运动是一项十分强调格调、文明、优雅的运动，也是一项对打球者文化素质要求较高的运动。高尔夫球运动讲究礼仪，强调自律诚信，追求挑战自我，这不仅是其精神所在，也是其显著的文化特征。以高尔夫球运动为基础，造就了高尔夫文化和具备高尔夫文化特质的人。

高尔夫运动的运动价值也非常高，经常打高尔夫球不仅可以锻炼身体的协调性、柔韧度等，还可以提高心肺功能。走路是高尔夫球运动的一个不可或缺的元素，一个球场走下来往往有五六公里。瑞典的一项研究表明，走路打完 18 洞，等同于同一时长最激烈的有氧运动 40%～70%的强度，也相当于进行 45 分钟的健身训练；心脏病专家帕兰克（Edward A. Palank）研究发现，走路打球能够有效地降低坏胆固醇、保持好胆固醇。胆固醇属于体内的基本脂类化合物，它是人体细胞膜的组成成分，参与性激素的合成，其大量存在于我们的脑和神经组织中。坏胆固醇偏高，冠心病的危险性就会增加。在性别、年龄和社会经济状况相同的人群中，从事高尔夫球运动的人的死亡率较低，平均寿命较长。高尔夫运动是障碍最低的运动，也是最安全的休闲运动之一。

（2）垂钓项目。

垂钓俗称"钓鱼"，是一种使用钓竿、鱼钩、渔线等工具，从江河湖海及水库中捕捉鱼类的活动。垂钓有淡水钓和海钓两大类，前者有沉底钓、流水钓、中层钓等技法，后者分岸钓和船钓两种方式。

垂钓运动起源于远古时代先民的劳动过程，可追溯到几十万年之前。中华民族的先人曾以捕鱼为食。考古学家在西安半坡文化遗址中，就发现了大量骨制鱼钩。这足以证明，中国的钓鱼习俗在新石器时期的母系氏族社会就已经出现。正如《中华风物探源》中所说：中国钓鱼史至少已有 7000 年。摸鱼、叉鱼、棒鱼、射鱼、网鱼和钓鱼，都是古代人谋生的劳动手段。随着当今社会生产力不断提高，生活环境和生活水平不断改善，垂钓逐渐从生产生活活动中剥离出来，成为一种充满趣味、充满智慧、充满活力、格调高雅、有益身心的休闲体育旅游活动。

垂钓是一项动静相宜、富有情趣的活动。从总体上看，垂钓是一项静的活动，但也包含着动作的内容，从甩杆、提杆、遛鱼直至收鱼的全过程，都贯穿着身体各部位的协作，从而使垂钓者在静和动的活动中身心都受益。实践证明，经常参加垂钓活动，不但能锻炼身体、陶冶情操，也能丰富和充实生活内容，并从中体会到无穷乐趣。此外，心理学家还认为，人在进行垂钓时，由于整个注意力被"咬钩"的情绪所吸引，可以比较自然地进入精神专一状态，能够排除头脑里一切纷繁杂念，从而使脑组织得到更好的调节，这非常有利于由控制感情区域失去正常功能所引起的各种疾病的康复。垂钓能改善人的肌体功能。当垂钓者离开喧闹的城市，来到风景秀丽的江河湖海岸边时，会顿觉心旷神怡。其原因是空气里含有大量带负电荷的气体离子——负离子，负离子被吸入人体后，可产生负离子效应。这种负离子，能同体内的血红蛋白及钾、钠、镁等正离子结合，使血液中的氧增多，携带的营养物质增多，人们就会倍感舒服，精力充沛。据专家测定，城市室内每立方厘米空气中仅含有负离子 40—50 个，室外也只有 100—200 个；公园或郊外，一般有 800—1200 个；而海边或瀑布区则高达 20000 个以上。气体分压越高，负离子进入肌体的溶解度就越大，血液中的氧合血色素就越多，从而使人的肌体功能得到改善，明显使人耳聪目明、思维敏锐、手脚灵便。

2. 户外拓展型体育旅游项目开发

户外拓展型体育旅游项目是指以自然环境为场地的，带有探险性质或体验探险性质的体育旅游活动项目，比如露营、溯溪。

（1）露营。

露营是体育旅游活动的一种形式，通常露营者携带帐篷，离开喧嚣的城市在野外扎营，度过一个或者多个夜晚。它通常和其他活动相联系，如徒步、钓鱼、游泳等。露营原是军事或体育训练的特殊项目，用以锻炼成员的体魄和意志，现在已经发展成为户外体育旅游项目，深受都市青年男女的热爱与追捧。

在国外，很多年前就已经开始把露营引入体育旅游活动当中。世界上有较大影响力的集体露营活动是"穆斯林青年野营"。随着人们对都市生活的逐渐厌倦，越来越多的人利用休闲时间以"驴友"的名义聚集起来进行户外露营生存活动。露营作为一种前卫的户外旅游方式，受到越来越多体育旅游者的青睐。

根据营地的设计构建，可以将露营分为三种类型：第一，常规露营。露营者徒步或者驾驶车辆到达露营地点，通常在山谷、湖畔、海边，露营者可以生篝火，可以烧烤、野炊或者唱歌，这也是最平常的露营活动。经常进行这样活动的旅行者和其他户外运动爱好者一样，又被称为背包客或驴友。[①] 第二，拖车露营。驾驶一种特殊的旅行车辆，称为活动房屋车到野外露营，通常这样的拖车就如同房子一般，有供暖或者冷气设备，也有电力供应系统，甚至有厨房。这样的露营者通常不被称为背包客。[②] 第三，特殊形式露营。在特殊活动中，比如长距离攀岩可能需要耗时几天，为了休息，露营者将帐篷挂在悬崖边露营，这样的露营是非常危险而又刺激的。[③]

无论何种露营，都需要在野外选择安全、合适的营地，正确地搭建帐篷。营地的选择也非常有学问，切记不能将营地选择在峡谷的中央，避免山洪；不可在近水之处，避免涨水；不可在悬崖之下，避免落石；不可在高凸之地，避免强风；不可在独立树下，避免电击；不可在草树丛之中，避免蛇虫。总的说来，营地应选在干燥、平坦、视线辽阔、上下都有通路、能避风排水且取水方便的地方，具体应遵循以下原则。

安全原则：不能将营地建在悬崖下面，一旦山上刮大风时，有可能将石头等物体刮下，造成危险；在雨季或多雷电区，营地绝不能扎在高地上、高树下或比较孤立的平地上，那样很容易招至雷击；建营地时要仔细观察营地周围是否有野兽的足迹、粪便和巢穴，不要建在多蛇多鼠地带，以防野兽伤人或损坏装备设施。要准备驱蚊、虫、蝎药品和防护措施。在营地周围遍撒草木灰，能非常有效地防止蛇、蝎、毒虫的侵扰。

近水原则：营地必须选择在靠近水源的地方，如选择靠近溪流、湖

---

① 沈永金. 户外运动 [M]. 昆明：云南大学出版社，2013：84.
② 沈永金. 户外运动 [M]. 昆明：云南大学出版社，2013：84.
③ 沈永金. 户外运动 [M]. 昆明：云南大学出版社，2013：84.

潭、河流，但也不能将营地扎在河滩上或是溪流边，因一旦下暴雨或上游水库放水、山洪暴发时，会有生命危险，尤其在雨季及山洪多发区。

背风原则：营地建设应当考虑背风问题，尤其是在一些山谷与河滩地带，应选择一处背风的地方扎营，还要注意帐篷门的朝向不要迎着风口。背风不仅是考虑安全性，也是为了便于用火。

背阴原则：如果需要的是居住两天以上的营地，在好天气情况下应该选择一处背阴的地方扎营，如在大树下面及山的北面，最好是朝照太阳，而不是夕照太阳。这样，如果在白天休息，帐篷里就不会太热太闷。

露营的锻炼价值极高，正所谓"天当被，地当床，野菜野果当干粮"，参加露营活动可以回归自然，呼吸野外的新鲜空气，活动筋骨，放松身体，愉悦身心。

（2）溯溪。

溯溪一词源自日本词汇"沢登り"，其字面意思是沿溪谷而攀登。溯溪是结合登山、攀岩、野营、游泳、绳索操作、野外求生、定位运动、赏鸟等综合性技术的户外活动。溯溪运动原是欧洲阿尔卑斯的一种登山方式，现已演变为相对独立的一种户外运动形式。20 世纪六七十年代，溯溪运动在日本流行并形成各种社团组织。台湾地区于 20 世纪 70 年代开始溯溪活动，台湾人将溯溪做字面翻译成 River Tracing。溯溪可以简单地分为完全溯溪和段落溯溪。完全溯溪就是沿着溪流的下游逆流而上，直达山顶，完全溯溪难度最大，其征服感和高峰体验也是比较强烈的。段落溯溪顾名思义就是选择一段溪流溯行，既可上行也可下行。段落溯溪是普及范围最广的溯溪方式，其主要目的在于欣赏"飞流直下三千尺"的瀑布美景，享受露营垂钓的乐趣。

溯溪是集登山、露营、攀岩、野外求生等技能为一体的综合性户外拓展运动，由于环境复杂多变，故而此项运动的危险性较高。因此，就溯溪体育旅游项目的开发而言，一定要做好线路设计工作。

第一，做好前期资料的搜集准备工作，了解溯登季节和气候状况信息，认真研究溪谷地形的特色与天气变化，一定要熟悉溯溪图。溯溪图是根据峡谷溪流的地形特点而绘制的简单明了的溯行路线特征图件，是溯行前必须准备的物品之一。有经验的溯溪者会根据该图件清楚地了解溯行地区可能遇到的各种地形特征，从而有目的地进行各项准备工作。判读溯溪图是溯溪的基本技能，而能够学会绘制溯溪图则更使溯溪成员之间多了一份交流的宝贵资料。溯溪图一般以 1：50000 的比例绘制，内容应足以显示主要的地形特点，如岩石堆、瀑布、深潭等以及地物标志溪流的汇流和分流点等。标绘得过粗或过细都不适宜，过粗无法体现整体路线的特点，过细则显得杂乱，没有特点。

第二，溯溪计划活动的准备工作之一是要制定安全预案，一定要组队结伴而行，切忌单独进入溪谷中，以免受困无法脱身。每次溯溪活动之前都要规划好前进路线与临时撤退的应急方案，要让每个队员清楚计划与方案内容，并将详细资料备份留给担任留守联络的人员，约定好联络方式。溪谷中如果没有理想的宿营地，就要及早设计营地。

第三，做好溯溪装备的准备工作，例如，粮食的采购、药品的准备，等等。有关溯溪活动使用的装备器材要携带足够，并熟悉各项准备器材的正确使用方法，装备用具以精简为宜，不宜过重。

可以说，溯溪整合了登山、攀岩和游泳等户外运动的精髓，而除了体力、耐力外，勇气与团队合作也相当重要。溯行者须借助一定的装备，具备一定的技术，去克服诸如急流险滩、深潭飞瀑等许多艰难险阻，充满了挑战性。也正是由于地形复杂，不同地方须以不同的装备和方式行进，因而使得这项活动富于变化，魅力无穷。因为溯溪是登山的一种方式，所以登山装备必不可少。除此之外还要有一些溯溪专用的物品，如溯溪鞋、护腿和防水衣物，等等。作为溯溪活动参与者，在参加溯溪活动之前，一方面要参加溯溪运动的专业训练，如各项攀登、溯行的技术训练；另一方面要学习溯溪的专业知识。

3. 疗养保健型体育旅游项目开发

保健是当今社会的一种时尚，这是随着人民生活水平提高而产生的必然现象。随着中国全民运动的开展，健身运动备受青睐。疗养保健型体育旅游项目主要是以治疗疾病、恢复体力、强身健体为主要目的。此类项目在功能上一般又分为疗养型和保健型两大类。疗养型主要是以治疗和康复身体为目的，借助于休闲体育手段来康复疾病；保健型主要是通过休闲体育来达到增强身体素质、预防各种疾病的目的。

（1）SPA。

"SPA"一词源于拉丁文"Solus Par Agula"的字首，"Solus"意为健康，"Par"意为"在"，"Agula"意指水中，SPA 就是指用水来达到健康的目的。SPA 包含了按摩疗法、瑜伽疗法、芳香疗法、水疗、泥疗、五感疗法等，以养生、健身和愉心为目的，利用水、声音、光线、植物芳香精油、海里的矿物泥甚至烤热的石头等作为手段，满足人的视觉、嗅觉、触觉、听觉等的享受，带给人愉悦感受。现代 SPA 将人体的精、气、神三者合而为一，从而实现身、心全面舒展，达到精神愉悦。

在人类历史上，水用于治疗由来已久。古希腊时期，希腊人相信海水具有清洗人体不洁体肤与刺激神经的作用。罗马帝国时期，百姓以水疗来醒酒或康复精神问题。16 世纪，法国国王亨利三世利用海水治疗皮肤疾病。此后，医学界经过不断探索和研究，发现 SPA 能净化人体、预防和康复诸多疾病。直至近代，专家们才揭开其原理。这是由于 SPA 时各种矿物质与稀有元素被肌肤吸收，人体细胞内部的平衡得以恢复，进而借助淋巴循环的渗透，排除体内的毒素。此外，人体内脏器官的神经末梢都与皮肤上相对应的反射区域保持关联，因而 SPA 可以安抚人体的皮肤，实现缓解身体疲劳的功效。

SPA 普遍应用于健身或预防、治疗疾病，例如减缓身心疲劳与舒缓心血管系统的疾病。在减轻体重方面，按摩与海草的使用很有功效。

水压的变化促使肌肉与皮肤之间形成挤压，从而使脂肪细胞受刺激，进一步导致脂肪细胞的运动而燃烧多余的脂肪。SPA发展至今已成为一种集休闲、美容、减压于一体的休闲康体活动。为了特定的治疗目的，可组合不同的程序。有的程序偏重放松、舒缓、排毒。有的以健美瘦身为重点。还有的重在芳香精油、海洋活水或纯草本疗法等。主要的SPA方法有如下两种。①流动式水疗法：强而有力的水可以射向人体任一部位进行按摩，对于解压、瘦身、恢复关节及结缔组织损伤，以及对某些神经疾病都很有效。人体在水中时肌肉完全放松，达到健康及健美作用。②冲洗疗法：以射流及喷雾进行水疗，方式很多，包括高压冲射淋浴、脉冲喷头淋浴、细密如针的喷雾淋浴等。

SPA为内心的压力、疲惫、惶惑找到一个出口，令人的身、心、灵达到和谐与平衡。身、心、灵皆美是现代身处亚健康状态的都市人的梦想。SPA吹来的怡人芳香，正是从身、心、灵上给人以关怀和抚慰，呵护人的容颜、关爱人的心灵，让人由内至外充满生机、神采飞扬。

（2）温泉。

温泉是一种由地下自然涌出或人工钻井取得的泉水，其水温高于环境年平均温度5℃以上，并含有对人体健康有益的微量元素。形成温泉必须具备地下有热源存在、岩层中具裂隙让温泉涌出、地层中有储存热水的空间这三个条件。温泉的主要种类有两类：其一为火山型温泉。当雨水降到地表向下渗透到地壳深处，受高热、压力作用后，循裂缝上升涌出地表时，温度仍高于人体体温，即形成温泉。其涌出的形态很多，有默默无声缓缓涌出，也有隆隆巨喷而出，还有一些是热水和着泥浆、天然气一起涌出。其二为非火山型温泉，包括深层岩温泉、变质岩温泉、沉积岩温泉。即通过物理探测、地质分析，推算出因地热产生的含水层深度，从而在有温泉开发可能性的地热地区进行钻探，从深层断裂带打出温泉水。也可以根据温度高低的差异分为三类温泉：高于75℃者为高温温泉，介于40℃至75℃者为中温温泉，低于40℃者为低温温泉。按泉水的酸碱性不同还可以分为三类：酸碱值低于6者为酸性温泉，酸碱值高于 8 者为碱性温泉，酸碱值在 6—8 之间者为中性温泉。另外，温泉中主要的成分包含氯离子、碳酸根离子、硫酸根离子，依这三种离子所占的比例可将其分为氯化温泉、碳酸氢盐温泉、硫酸盐温泉。

温泉疗法的开发要注重提高科技含量，比如温泉疗养产品要突出特色，可以科学合理地运用一些香料、中医汤药以及自然界中对人体有益的矿物质，再根据温泉所固有的特征和游客的需求进行保健疗养和功能独特的产品开发。

温泉疗法是一种自然疗法，温泉中所含的矿物质会被皮肤吸收，从而改变皮肤的酸碱度。温泉依不同的泉质有不同的疗效。泡温泉可以扩张血管促进血液循环，增加肌腱组织伸展性，解除肌肉痉挛，减轻疼痛；调节内分泌，改善免疫系统；消耗热量达到瘦身作用；利用水的浮力，容易做各种复健运动，有助改善运动机能；可增加内腹压和心脏容量，促进排尿作用。

温泉疗法适用于以下疾病：

关节炎：泡温泉可以减轻疼痛，增加胶原延展性，增进关节活动度，增进血液循环及新陈代谢，故对关节炎有疗效，但要配合运动治疗。

神经炎：可减轻其疼痛，起到镇定作用。

皮肤病：对于皮肤角质增厚，以及鸡眼、脚气均有疗效。

痔疮：可减轻症状，促进肛门血液循环，避免恶化。

肥胖症：可减轻体重。因热疗可消耗热量，从而达到瘦身之效。

泡温泉的注意事项：

皮肤过敏者不宜泡温泉；孕妇及刚接受手术者不宜泡温泉；糖尿病患者不宜长时间泡温泉，因为水温过高可让患者注射的胰岛素吸收加快，而且长时间身体过热会使机体能量消耗增加，导致心脏负担加重，很容易出现意外；容易失眠的人不宜长时间浸泡；有心脏病、高血压或身体不适者不宜泡温泉；女性经期及经期前后不宜泡温泉。

4. 休闲健身型体育旅游项目开发

休闲健身型体育旅游项目就是突出"休闲性"与"健身性"，通过休闲体育旅游活动方式达到健身功效。当然，休闲健身型体育旅游项目除了强身健体外，还能消除人们的疲劳，从而使体育旅游者身心愉悦。

随着人民生活水平的不断提高，为了强身健体，人们会结合自己的年龄、兴趣选择相应强度、负荷的运动形式来进行健身运动。比如，不同年龄段女性对休闲健身的需求具有较大的差异性，年轻的女性喜欢拉丁健美操、街舞等，而且要求高强度与大负荷运动量；而老年女性的要求则刚好相反，她们要求低强度与小负荷运动量。在现代生活的快节奏与高效率的压力下，人们也越来越感到内心的焦虑与压抑，不得不通过休闲体育旅游的方式来减缓和释放压力，从而解放自己的心灵。

三、体育旅游资源的保护

（一）体育旅游资源保护的意义

体育旅游资源由体育旅游自然资源和体育旅游人文资源组成，它们是大自然作用和人类历史长期积淀而成的宝贵财富，如果离开自然环境与人文资源，体育旅游将无法开展。自然环境不仅是社会文化生成、发展的基础，同时给我们创造了无数美丽、独特的天然场所，这些资源为体育旅游提供了良好的活动场地。体育旅游强调旅游者的参与性，体育旅游者不仅要观赏美景，并且要在自然场所中参与体验体育活动。而体育旅游活动会对旅游环境造成破坏，因此，我们必须特别对这些自然资源加以积极有效的保护，这样才能使体育旅游可持续发展。

（二）体育旅游资源保护的措施

保护体育旅游资源，要从可持续发展出发，依照相关法律结合科学与道德伦理等手段，加强对体育旅游的管理和保护。

1. 做好体育旅游规划

体育旅游资源的开发前期要对体育旅游资源的类型、规模、质量、环境等做深入的调研，尤其要重点规划体育旅游资源的环境保护，将体育旅游资源的破坏降低到最低程度。

2. 依法依规强化监督

保护体育旅游资源，要依照《环境保护法》《森林法》《水污染防治法》《水土保持法》等相关的法律和法规，对体育旅游资源的破坏者或单位予以处罚。要全程监控体育旅游资源开发，一旦发生破坏情况，便立即采取补救措施，进而对体育旅游生态环境进行实质有效的保护。

3. 加大环境保护经费投入

不断加大对体育旅游资源开发保护的经费投入，地方政府要出台一系列优惠政策，鼓励企业在开发时保护体育旅游资源。

4. 加强体育旅游者的管理

体育旅游者数量要符合环境的容量，如果在环境容量较小的地方涌入大量的体育旅游者，会对管理造成困难，甚至使环境遭到破坏。同时，要加强对体育旅游者的环保意识教育，使体育旅游者能够自觉投入体育旅游资源的保护行列。

第四章

体育旅游业

体育旅游业凭借其健身康养性、刺激冒险性、休闲娱乐性、参与观赏性等特点，成为旅游市场上一种新型、时尚的休闲方式。随着社会经济的发展和人们的闲暇时间的增多，越来越多的人参与体验体育旅游活动。根据联合国世界旅游组织的数据，体育旅游每年增长 14%，是全球旅游市场中增长最快的细分行业。[①] 近几年来，西方发达国家体育旅游业飞速发展，在欧美等地区已经形成了巨大的市场。

　　就旅游的视角而言，体育旅游是旅游市场中的一种新产品，是以自然资源为基础，利用各种体育活动和人文资源来规划、设计、组合而满足旅游者的需求，使旅游者感受各种体育活动与大自然情趣的一种旅游形式。[②] 就体育产业角度而言，体育旅游是一项融体育、娱乐、探险、观光为一体的专业性旅游服务产业。体育和旅游的交叉和融合，产生出具有体育旅游特点的新型产业——体育旅游业。在北美、欧洲等地区，体育旅游已形成相对成熟的产业形态，并成为重要的经济支柱。以瑞士为例，其滑雪旅游产业收入占国民生产总值的 30% 左右，占旅游总收入的 60%，年接待滑雪游客高达 1500 万人次，创汇达 70 亿美元。[③] 就中国体育旅游业而言，随着改革开放程度的逐渐加深和市场经济的飞速发展，经济全球化和市场经济多样化促进了体育旅游业的发展，并且作

---

① 凤凰资讯. 体育旅游迎来爆发性增长. http://news. ifeng. com/c/7fbxHah69u3.2022－2－7.

② 陈峰. 体育旅游产业的开发模式及其可持续发展的探讨［J］. 福建师范大学福清分校校报，2001，51（2）：86.

③ 徐淑梅，张德成，李喜娜. 欧洲冰雪旅游产业发展特点对中国的启示［J］. 东北亚论坛，2011，98（6）：121.

为新兴产业在第三产业集群中发展势头强劲，从而得到业界广泛关注。①

第一节　体育旅游业概述

近年来，体育旅游业在欧美发达国家已然形成巨大的市场。受益于改革开放力度的加大及市场经济与经济全球化的发展，作为一种新生的产业，中国体育旅游业犹如雨后春笋般蓬勃生长。

国民对体育旅游产品服务需求增加，成为提升中国体育旅游业的动力，成为明确中国体育旅游业产业属性的助推器。2019 年 4 月 1 日，国家统计局发布《体育产业统计分类（2019）》，将体育旅游服务划分为体育产业 37 个中类中的一类。从这一新的体育产业统计分类中可以看出，体育旅游业属于体育产业的范畴。随着中国经济的发展，国民的经济收入增加、生活水平提高，健康、健身意识也在不断增强，这为中国体育旅游业的发展奠定了巨大的市场基础。

一、体育旅游业的产生与发展

（一）体育旅游业的产生

要清晰界定人类的旅游活动从何而起，这是一个很难的问题。想要客观认识人类旅游活动的起源与发展，就要认清生产力是人类社会发展的推动力，因为社会生产方式与生产工具的发展水平直接推进人类社会文明的进程，当然也同样影响着旅游的发展。原始社会时期，在极为简陋的原始生产方式下，先民们经历了旧石器阶段与新石器阶段。这一时

---

① 宛霞，邵凯，形晓晨. 我国体育旅游产业发展困境分析［J］. 成都体育学院学报，2010，36（4）：15.

期，由于生产力水平极其低下，当时的出行多是为了生产劳动。可见，原始社会时期已存在旅行行为，只是当时的劳动和旅行之间并没有绝对的界线，更不会形成旅游的意识和行为。

商贸旅行活动起源于新石器时代晚期，大约在公元前 4000 年，苏美尔人发明了货币，贸易开始发展。这标志着现代旅行活动的开端。苏美尔人不仅是世界上最早领悟到货币这一概念，并将其应用于商业贸易的民族，而且是最早发明楔形文字和轮子的民族。为此，他们应当被当做旅行业务的创始人。① 这种易货贸易扩大了不同商品交换的范围，为了了解更多的商品和交易商品的需要，必须到异地交换商品，这便是人类最早的旅行活动的开始——商贸旅行。公元前 2000 年以后，埃及商业异常繁荣。古埃及有着得天独厚的水路运输条件，埃及商人为进行农产品和手工业品的贸易而沿尼罗河航行，这就带来了古埃及造船业的兴旺。他们的商船常航行到红海和地中海东部的港口，沿尼罗河乘船可直下努比利，那里有丰富的金矿、铜、紫晶等。

被称为"海上民族"的腓尼基人是早期著名的航海民族。他们生活在地中海的东端，公元前 11 世纪至公元前 8 世纪，凭借发达的商业、手工业和造船业，他们西越直布罗陀海峡，北至北欧波罗的海，东达波斯湾、印度。由于海上贸易的兴盛，腓尼基人在东部地中海地区相继发展了推罗、西顿等港口城市。在拓展贸易进程中，他们的商人控制了地中海大部分航海贸易，形成地中海商贸中心。希腊人迫于生存压力，与腓尼基人展开了海上贸易竞争，前者随贸易的扩张而建立起许多独立的商业城邦，其商业城邦延伸至黑海、地中海沿岸。每一个城邦都有集市，货物交易十分兴盛。古罗马人依靠强大的军事力量建立起罗马帝国，古罗马商人大多是贩运粮食、酒、陶器、香料、珠宝等商品，而帝国有横跨欧亚大陆的罗马大道，有以罗马城为中心的网状公路以及地中

---

① 查尔斯·R. 格德纳，等. 旅游学 ［M］. 李天元，等译. 北京：中国人民大学出版社，2008：30.

海的海上运输通道，这些有利因素客观上造成古罗马境内外商贸旅行异常活跃，随之伴生出繁荣的商业城市。

古罗马时代，罗马人的商业活动已遍及全欧洲，后来由于日耳曼人占领罗马使欧洲社会在公元4—7世纪经济凋零。欧洲中世纪"从粗野的原始状态发展而来"，当时各民族之间纷争不断，大小领主对土地拥有绝对控制权。罗马天主教的黑暗统治加上自给自足的经济模式抑制着商业的发展。11世纪后，地中海沿岸城市兴起，伴随着城市工商业者的出现，欧洲中世纪的商贸旅行开始活跃起来。15世纪后，西方掀起追求东方财富的航海热，尤其是15—16世纪的哥伦布、麦哲伦等人对新航路的探索，使世界市场开始形成，又一次海上商贸旅行兴起。从此，国际商贸旅行在地域上从地中海扩展到世界范围。

近代工业革命加快了城市化的发展，机器化生产促进了商品经济的繁荣，交通的发达进一步扩大了商贸旅行的范围。17世纪中期以前，欧洲商旅的足迹已遍及世界各地，西方商贸旅行在重商思想的影响下迅速发展。因此，市场迫切需要建立起办理旅行手续的服务机制，以专门机构和专业人员为人们出游提供帮助，这种市场需求直接促成了旅游业的诞生。托马斯·库克认识到旅游活动中存在的问题，1845年率先开办了世界上第一家旅行社——托马斯·库克旅行社。旅行社提供相应的旅游服务。他的杰出贡献使他成为旅游业的创始人，他的工作使人类旅游活动进入近代全新发展时期。[①] 近代旅游业在工业革命的推动下产生，这是旅游史上的里程碑，从此越来越多的民众加入旅游活动，旅游业逐渐成为一个方兴未艾的朝阳产业。而体育旅游也在旅游业发展的同时得到了人们的认可，参与人数逐年上升。体育旅游业的发展推动了体育旅游俱乐部的出现。1857年，英国伦敦成立了一家登山俱乐部，这是世界上第一家登山俱乐部，该俱乐部主要向登山爱好者和旅游者提供服务。随后的1883年，挪威、瑞士等国家成立了滑雪俱乐部，为滑雪

---

① 傅云新. 旅游学概论 [M]. 广州：暨南大学出版社，2011：33.

爱好者提供各种服务。1885 年，英国成立了最早的帐篷俱乐部。

（二）体育旅游业的发展

关于体育旅游的记录，最早可追溯到公元前 776 年的奥林匹克运动会。[①] 古希腊人把参与体育比赛作为一生之中不可缺少的部分，所以自然而然地把体育与旅行结合起来。当时的奥林匹克运动会可以吸引近 4 万名来自希腊各地的观众，但由于社会经济发展水平低下以及交通运输落后等原因，普通人外出参与观赏体育活动还比较困难。

随着产业革命的发展和人们闲暇时间的增加，以及旅游业的逐步形成，人们对休闲、娱乐的需求促进了近代体育旅游的发展。19 世纪后半期，兴起了休闲消遣，公共假日与很多体育俱乐部在这一时期诞生。1857 年，世界上第一个登山俱乐部在英国伦敦成立，1861 年在英国成立了第一个曲棍球俱乐部。20 世纪初，以体育健身和各种闲暇娱乐为主体的休闲娱乐业在一些国家初步形成规模。20 世纪中后期，随着旅游业的快速发展以及体育运动的大众化，以体育旅游为特色的旅游项目在欧美国家得以迅速发展，人们所喜爱的高山滑雪、徒步登山、海边沐浴、帆船、冲浪，以及漂流、探险、极限穿越等冒险刺激类项目纷纷兴起。在亚洲，日本的体育旅游业以高尔夫球和登山项目为主，许多户外旅游景区都设有相应的体育娱乐项目和设施，给体育旅游者提供体育旅游活动项目。

自改革开放以来，市场经济带动了中国的旅游业及酒店、餐饮、交通、通信等诸多相关产业的发展，人们的出行也愈加方便快捷，人们的旅游需求亦呈现出多元化趋势，尤其是体育旅游以其独特的魅力吸引着越来越多的体育旅游者参与，包括攀岩、滑雪、登山、漂流、自驾车旅游、沙漠探险、潜水等项目，中国体育旅游公司应运而生。20 世纪 80

---

① Mike Weed，Chris Bull. 体育旅游［M］. 戴光全，等译. 天津：南开大学出版社，2006：3.

年代，西藏体委为满足中外登山爱好者攀登珠穆朗玛峰的需要，成立了西藏国际体育旅游公司，开创了中国体育旅游的先河。1985年，中国国际体育旅游有限公司成立，统筹全国体育旅游。

近年来，中国体育旅游得以发展，各地区利用自身体育旅游资源优势，加大体育旅游资源开发力度，已经开发出摩托车、汽车、自行车等山地体育旅游项目；推出潜水、冲浪及帆板等水域体育旅游项目；打造热气球、滑翔伞、滑翔翼等空域体育旅游项目。也开发了众多如湖北龙舟赛、内蒙古那达慕大会、西昌火把节等较知名的体育节事旅游项目。甘肃省以举办丝绸之路汽车拉力赛来刺激该省和西北地区旅游的升温；青海省依托高原独特的地理、气候条件开发了登山、徒步穿越沙漠、观赏高山植物、环青海湖国际公路自行车赛等具有青海特色的体育旅游项目；武汉市正在开发畅游长江的体育旅游活动，并准备将这一传统项目打造成知名品牌。

据统计，自1994年以来，中国体育旅游收入以每年30%～40%的增幅增长。进入21世纪后，随着体育旅游业的快速发展以及与国际的接轨，我国体育旅游业得到政府的大力支持和国民更多的关注，从而进入了蓬勃发展阶段。体育旅游业的发展带动和促进了体育产业的发展，使体育产业成为中国新的经济增长点。

二、体育旅游业的含义及构成

借助体育资源与相关产业的关联，体育旅游业展现出丰富多彩的内容与形式。体育旅游业是以体育旅游者为服务对象，为满足其体育旅游活动的需求而为其提供所需体育旅游产品与服务的综合性服务产业。从体育旅游业提供的产品与服务来看，体育旅游业与其他相关服务业为体育旅游者提供服务。体育旅游业中的服务行业主要包括体育旅行社、体育专业培训、体育赛事经营、体育器材销售、体育设备与服装等。与体育旅游业相关的产业主要有住宿与餐饮业、交通通信业、游览娱乐行业等。根据体育旅游者需求的综合性，为其提供诸多服务的企业可以分为直接体育旅游企业和间接体育旅游企业：直接体育旅游企业即交通运输业、体育旅行社、餐饮住宿企业等有赖于体育旅游者的存在而生存的企业；间接体育旅游企业指那些虽为体育旅游者提供商品和服务，但并不以体育旅游者为主要服务对象，体育旅游者存在与否不会危及其生存的企业[①]，如游览娱乐行业、建筑业、金融业、制造业、贸易业等前后相关产业。总的来说，体育旅游业由体育旅游餐饮住宿业、交通运输通信业、旅行业务组织部门（旅行社业）、游览场所经营部门和目的地旅游组织部门五大方面组成。[②]

表4—1 体育旅游业的五大方面

序号	门类	构成要素（相关行业）
1	体育旅游餐饮住宿业	饭店、宾馆、餐厅、野营营地
2	交通运输通信业	航空公司、海运公司、铁路公司、公共汽车/长途汽车公司、汽车/飞机租赁公司、邮政局、电信局
3	旅行业务组织部门（旅行社业）	体育运动俱乐部、体育旅游经营商、体育旅游零售代理商、体育旅游批发商/经纪人
4	游览场所经营部门	体育运动基地、体育主题公司
5	目的地旅游组织部门	国家旅游组织（NTO）、地区旅游组织、体育旅游协会

资料来源：柳伯力，陶宇平. 体育旅游导论［M］. 北京：人民体育出版社，2003：99.

三、体育旅游业的价值

（一）经济价值

体育旅游业是由诸多产业组合且相关部门协同发展的产业集群，因

---

① 柳伯力，陶宇平. 体育旅游导论［M］. 北京：人民体育出版社，2003：99.
② 柳伯力，陶宇平. 体育旅游导论［M］. 北京：人民体育出版社，2003：99.

而体育旅游业的发展不仅能带动相关行业的发展，还能促进区域经济的发展。

一方面，体育旅游业与第二产业即制造业、建筑业相关联；另一方面，体育旅游业作为服务性产业还需要与第三产业即住宿酒店、交通、餐饮等行业相关联，体育旅游产品由多产业关联融合而成，体育旅游业的发展可带动相关产业的发展。

由于体育旅游业与相关产业融合形成产业集群，以此能够促进相关产业的发展，进而繁荣区域经济。体育旅游业与体育器材销售、体育设备与服装、住宿、餐饮、通信、游览娱乐、交通运输、商业服务等相关产业密切相关，可为繁荣地区经济做出重要贡献。

（二）文化价值

体育旅游企业的核心文化价值观是指导企业发展的核心思想或理念，体育旅游业经营者、从业者的价值观念、职业道德、服务理念以及经营思想等文化素质决定着体育旅游者的文化需求和审美情趣能否得到满足；如果体育旅游者的身心需求能得以满足，那必然会进一步提升体育旅游者的消费欲望，从而实现体育旅游者可持续的消费行为。体育旅游业本身是为体育旅游者提供旅游产品，而体育旅游产品主要是无形的服务性产品，所以体育旅游企业自身以及企业员工的文化价值观对体育旅游活动有直接的影响。因此，体育旅游企业应"以人为本"，在其内部形成和谐的氛围并为员工提供宽松的工作环境，同时，加强培育员工的文化素养，最终增强员工对企业文化价值观的认同感，凝心聚力，以实现体育旅游企业产品的文化价值。

地域差异性必然会引发地域文化差异，中国是一个地域广阔的多民族国家，有丰富的民族传统体育旅游资源，许多民族传统体育项目资源通过体育旅游业以产品与项目形式传播传承，尤其是传承民族传统体育项目所赋含的丰富的体育文化。比如藏族的赛马、赛牦牛、射箭等项目，朝鲜族、满族的摔跤、跳马、骑射等项目，维吾尔族、哈萨克族的马术等项目。体育旅游者通过参与这些民族传统体育项目，观赏民族传统体育项目表演，可以领略到中国多民族的体育文化，丰富自己的体育文化知识。

（三）身心健康价值

体育旅游业通过体育旅游活动使体育旅游者达到健身目的，体育旅游者在参与体育旅游活动的过程中，能够维持人体的生理平衡，提高身体素质，最终促进身心健康的发展。

体育旅游业所提供的产品或项目以亲近自然、融入自然为主要方式，体育旅游的活动方式可以给体育旅游者带来许多乐趣，体育旅游者可以在体育旅游中通过参与一些自己感兴趣的体育活动获得快感，使因工作和生活所带来的神经紧张、脑力疲劳及紊乱的情绪得到有益的调节和放松。体育旅游以特有的旅游方式使体育旅游者从中获得乐趣，尽情抒发情感，享受运动的欢愉，进而促使参与者身心得以健康的发展。

第二节　体育旅行社

体育旅行社是体育旅游业的支柱性行业之一，它既可指旅行社企业个体，也可指代整个旅行社行业，其宗旨是为体育旅游者提供专门化的服务。

一、体育旅行社的概念及分类

（一）体育旅行社的概念

世界旅游组织（UNWTO）将旅行社定义如下：零售代理机构向公众提供关于可能的旅行、居住和相关服务，包括服务薪金和条件的信息。旅行组织者、制作商或批发商在旅游需求提出前，组织交通运输、预定不同方式的住宿和提出所有其他服务为旅行和旅居做准备。

欧洲国家对旅行社的定义如下：旅行社是一个以持久营利为目标、为旅客和游客提供有关旅行及居留服务的企业，这些服务主要是出售或发放运输票证；租用公共车辆；办理行李托运、翻译和陪同服务，以及邮递服务。它还提供租用剧场、影剧院服务；出售体育盛会、商业集会、艺术表演等活动的入场券；提供旅客在旅行逗留期间的保险服务；代表其他驻国外旅行社或旅游组织者提供服务。[①]

随着国内旅游业的发展，1985 年国务院颁布《旅行社管理暂行条例》，对旅行社做了定义："依法设立的，并具有法人资格，从事招徕、接待旅游者，组织旅游活动，实行独立核算的企业。"[②] 1996 年，国务院颁布的《旅行社管理条例》中规定：旅行社是指以营利为目的，从事旅游业务的企业。"旅游业务，是指为旅游者代办出境、入境和签证手续，招徕、接待旅游者旅游，为旅游者安排食宿等有偿服务的经营活动。"[③] 2009 年，国务院颁布《旅行社条例》，其中第二条规定："旅行社，是指从事招徕、组织、接待旅游者等活动，为旅游者提供相关旅游服务，开展国内旅游业务、入境旅游业务或出境旅游业务的企业法人。"[④] 2016 年，国家旅游局颁布《旅行社条例实施细则》，规定"招徕、组织、接待旅游者提供的相关旅游服务"的主要内容为安排交通、住宿、餐饮、观光游览、休闲度假等服务，安排导游、领队的服务，以及旅游咨询、旅游活动设计服务等。此外，旅行社还可接受委托，提供旅游服务，如接受旅游者的委托，代订交通客票、住宿和代办出境、入

① 罗贝尔·朗加尔. 国际旅游 [M]. 陈淑仁，马小卫译. 北京：商务印书馆，1995：50.

② 白度白料. https://baike.baidu.com/item/%E6%97%85%E8%A1%8C%E7%A4%BE%E7%AE%A1%E7%90%86%E6%9A%82%E8%A1%8C%E6%9D%A1%E4%BE%8B/18569726?fr=aladdin. 2022-2-10.

③ 李天元. 旅游学概论 [M]. 天津：南开大学出版社，2007：159.

④ 中华人民共和国中央人民政府官网。

境、签证手续等；接受有关机关、事业单位和社会团体的委托，为其差旅、考察、会议、展览等公务活动，代办交通、住宿、餐饮、会务、观光游览、休闲度假等事务。[①]

随着第三产业呈现出蓬勃发展的势头，旅游业出现了许多新的变化，信息技术的出现催生了新型的旅游代理商。代理商借助互联网拓宽了旅行社的范围，在传统实体销售业务的基础上出现线上旅行社销售业务和咨询业务等，这是旅行社的一种新形式。结合联合国世界旅游组织、欧洲国家以及中国相关条例中关于旅行社的定义，我们认为旅行社就是以营利为主要目的，以旅游者为主要服务对象，提供各项旅游服务的中介企业。

旅游业的发展促进了体育旅游业的快速发展，体育旅行社也随之不断增加。体育旅行社作为从旅行社不断发展中逐步演变出来的特色旅行社，其也拥有旅行社的共性，所不同的是体育旅行社作为专业旅行社，主要从事与体育旅游有关的业务活动，业务范围是以提供体育旅游活动与服务为主。一般而言，体育旅行社除了提供观光方面的旅游服务外，还提供形式多样、充满活力的和具有一定挑战及刺激的体育旅游活动及相关服务。因此，我们将体育旅行社定义如下：以营利为目的，从事招徕、组织、接待体育旅游者等活动，开展国内体育旅游和入境或出境体育旅游服务业务的中介企业。

（二）体育旅行社的分类

1. 旅行社的分类

欧美国家关于旅行社的分类主要采用"三分法"和"二分法"。"三分法"将旅行社划分为旅游经营商（Tour Operator）、旅游批发商（Tour Wholesalers）和旅游零售商（Tour Retailer）三大类；"二分法"

---

① 中华人民共和国中央人民政府官网。

则忽略旅游经营商与旅游批发商之间的差别，将旅行社划分为旅游经营商和旅游零售商两大类。①

日本政府 2005 年 4 月 1 日开始实施新的《旅行业法》，该法第五条规定"以是否实施募集参加包价旅游的旅游者为主要标准"来划分旅行社种类，将旅行社分为三类：第一类旅行社是指能够从事国内外全包价旅游业务的旅行社；第二类是指能够经营国内全包价旅游业务的旅行社；第三类是指不能够经营全包价旅游业务的旅行社。②

中国对旅行社的分类随着旅行社的发展呈现出动态变化的特征。在 1985 年由国务院颁布的《旅行社管理暂行条例》中，中国的旅行社按照经营业务范围的不同划分为一类旅行社、二类旅行社和三类旅行社。一类旅行社经营对外招徕并接待外国人、华侨、港澳同胞、台湾同胞来中国、归国或回内地旅游业务；二类旅行社不能对外招徕，只经营一类旅行社或其他涉外部门组织的外国人、华侨、港澳同胞、台湾同胞来中国、归国或回内地旅游业务；三类旅行社只经营中国公民国内旅游业务。但随着旅游业的不断发展，该分类方法逐渐不能适应旅游新形势的需要，使得旅行社在经营中出现混乱。于是，在 1996 年 10 月国务院颁布的《旅行社管理条例》中做了新的分类，该条例也是依据旅行社经营业务的范围来进行划分，将中国的旅行社分为国际旅行社和国内旅行社两种类型。国际旅行社是指经营出境旅游业务、入境旅游业务和国内旅游业务的旅行社。国内旅行社是指专门经营国内旅游业务的旅行社。另外，还有一种分类方法是按照行业习惯将中国旅行社划分为组团社和地接社两种类型。组团社是指在出发地接待并与客人签订旅游合同的旅行社，地接社是指在旅游目的地接待出发地组团游客的旅行社。③

在 2009 年新颁布的《旅行社条例》中，取消了国际旅行社和国内旅行社的划分，按照新的条例规定，旅行社可同时申请经营国内旅游业

---

① 郭鲁芳. 旅行社经营管理［M］. 大连：东北财经大学出版社，2002：23.
② 凌强. 日本《旅行业法》修订要点及其启示［J］. 2005（4）：46.
③ 卢志海，杜长淳. 旅行社经营管理［M］. 北京：北京师范大学出版社，2011：11

务和入境旅游业务；取得经营许可满两年，并且未因侵害旅游者合法权益受到行政机关罚款和以上处罚的，可以申请经营出境旅游业务。此后，市场上出现了两类旅游行社：一类可以经营国内旅游业务和入境旅游业务；另一类可以经营国内旅游业务、入境旅游业务和出境旅游业务。

2. 体育旅行社的分类

根据体育旅行社所经营的范围，可将其分为国内体育旅行社和国际体育旅行社两种。国内体育旅行社指专门针对国内的体育旅游者，在国内不同地区开展招徕和接待业务，为这些体育旅游者代理行、住、食、游、购、娱等各方面的事务，以及提供体育导游、运动技术指导、体育旅游装备和所需的体育旅游产品等相关服务，从而获取利益的体育旅游企业。国际体育旅行社指以接待外国体育旅游者或是招徕国内体育旅游者在国内外进行体育旅游，并为其提供相关的体育旅游服务的企业。国内体育旅行社和国际体育旅行社为体育旅游者安排领队、委托接待及行李托运管理等相关服务，国际体育旅行社还接受体育旅游者委托，为体育旅游者代办出境及签证手续。

二、体育旅行社主要组织机构

只有构建完善的组织机构才能让企业实现可持续发展，体育旅行社也必然需要一个适合其运营和发展的组织机构。一般而言，体育旅行社要根据其经营的战略目标来确定相应的组织机构，体育旅行社组织机构的设定可根据其规模、资金、人力资源情况以及企业其他方面的需求情况，结合体育旅行社的特色来进行。

（一）人力资源部

体育旅行社是一个由劳动密集型与智力密集型相结合而形成的企

业，人力资源是其发展的主要推动力。体育旅行社人力资源部负责人力资源管理，制定公司年度人力资源战略规划，为旅行社招募贤才，强化员工的职业道德培训、企业认知培训、专业知识及技能培训等。同时人力资源部也可以根据体育旅行社运行过程中的需求对企业各层员工进行有效的分配和调整，并通过一定的政策奖励或活动来调动员工的积极性和创造性。

（二）财务部

体育旅行社财务管理是利用货币形式对企业的资金流动进行预测、计划、组织、监督和控制的管理行为，是体育旅行社管理的重要组成部分。体育旅行社依据管理需求与经营目标对资金进行合理筹备、利用、分配和监督，并正确处理企业运行中出现的资金问题及其与相关旅游企业的经济关系，从而有效保障体育旅行社经营活动的顺利开展。

体育旅行社财务部要对企业各项经营活动和产品销售进行成本核算，根据体育旅行社的实际情况与市场发展趋势做出财务预算，制定财务决策与计划，有效地为体育旅行社节约资金以保障其获得最大利润。

（三）营销部

该部门主要负责市场调查、产品采购、产品设计开发、市场营销、品牌推广以及与体育旅游者进行产品交易等工作。营销部在开发新产品之前必须认真做好市场调查工作，这个阶段的主要任务是充分考察市场，确立市场定位和消费人群，了解市场的现状及其发展趋势。调查的内容主要包括体育旅游市场与状况、体育旅游产品销售可能性、体育旅游者消费需求、产品价格等。根据体育旅游市场需求和市场相关产品的销售情况等信息，设计并开发出新的体育旅游路线。同时通过采购情况及新的体育旅游项目设计，组合和加工出新型的包价体育旅游产品与散客体育旅游产品等。新的体育旅游产品通过营销部的宣传后推销到体育旅游市场上。营销部要积极参加相应展销、促销活动，做好对外宣传工作，树立企业良好形象，从而为企业带来客源和收益。

（四）外联部

外联部是体育旅行社根据市场业务需求，与旅游业相关机构（部门）或体育旅游目的地签订合作协议，并与之办理订单、订房、订餐等相关业务的部门。该部门负责为体育旅行社联络、协调更多的旅游合作企业。

（五）接待部

接待部，顾名思义就是接待体育旅游者，并向其提供接待服务和进行接待管理的部门。接待工作是体育旅行社经营过程中最重要的部分，其为体育旅游者提供实地服务的一系列工作，其接待水平和服务质量与旅行社的整体声誉有着密切的关系，并对旅行社的经营效益产生重要的影响。接待部的主体为导游，他们是接待工作及整个旅行过程中与游客接触时间最长的工作人员，直接给予游客面对面的服务，与游客直接进行信息交流。接待部的工作人员是体育旅游者在旅游过程中的直接组织者、指挥者、导向人、联系人、信息传递人和负责人；是体育旅行社接待质量的直接体现者。除导游以外，接待部还有从事提供转接电话、电话留言等电话服务方面的后勤接待人员，以及向客户提供咨询、代理和接受投诉等服务的工作人员等。

（六）计调部

计调部是体育旅行社中各种业务联系和活动实施的调节者，是整个体育旅游过程中的主管部门。其承担制定日程计划、落实组织、调配资源、委派人员、统筹安排等工作任务。计调部根据体育旅游过程中各环节呈现出的资源需求状况、部门联络情况和具体工作落实情况等进行相应的调配、协调和落实，从而保障体育旅行社的正常运营。计调是体育旅行社管理工作的重要内容，具有因计调业务种类繁多、程序和关系繁杂等形成的复杂性特点，指导了解情况、收集资料、制定计划、提供方案等工作的具体性特点，以及计调业务的多变性和实施操作的时效性等特点。

三、体育旅行社基本职能

（一）生产职能

体育旅行社的生产职能就是体育旅行社对体育旅游产品进行开发、设计与组合。只有形成适应市场需求的体育旅游产品与相关服务，才能获得市场认同并获取利润。体育旅行社根据市场需求和参与者的要求以低于市场的价格对体育旅游产品进行加工组合并将其融入体育旅游服务中，最终形成具有吸引力的体育旅游产品。例如，体育旅游服务吸纳住宿业、餐饮业、交通运输业、户外用品业的各种产品并进行组装加工，从而形成具有自身特色的包价或散客体育旅游产品。

（二）销售职能

为了满足体育旅游者对体育旅游产品和服务的需求，体育旅行社需要把已设计、开发组合的体育旅游产品进行销售。除此之外，体育旅行社还可以代理销售体育旅游相关企业的产品。例如为住宿企业代理客房订购，为餐饮企业代销食品，为航空公司代售机票，为体育旅游者代购体育旅游服装或设备，等等。

（三）组织协调职能

体育旅行社的组织协调职能不仅体现在其自身的整体营运上，还体现在各相关企业之间的协调。换言之，体育旅行社要组织协调好各部门之间的关系，根据部门需求进行相应的人力资源调动，从而促进部门间的协作，提高体育旅行社工作效力。体育旅游产品涉及食、住、行、游、购、娱等行业，故体育旅行社要保障旅游活动的顺利进行，就离不开体育旅游相关行业的支持，而体育旅游业及其相关行业之间是一种相互依存、互惠互利的合作关系。因此，体育旅行社必须进行大量的组织与协调工作，做好体育旅游过程中各个环节的衔接与落实工作，才能确保体育旅游活动顺利开展。

（四）提供信息职能

提供信息是体育旅行社的必要职能，体育旅游者虽然可通过网络获取体育旅游的相关信息，但最终还是需要和体育旅行社进行直接沟通。体育旅行社通过与体育旅游产品相关企业进行沟通，向相关企业部门提供游客需求信息，从而使体育旅游者与相关企业间建立起信息链，实现体育旅游产品的市场交易。

第三节　体育旅游相关行业

体育旅游业与餐饮住宿业、交通运输业、旅行业务组织部门（旅行社业）、游览场所经营部门、目的地旅游组织部门等相关产业关系密切，与这些相关行业协同发展是体育旅游活动得以顺利进行的重要保障。本节拟对与体育旅游活动开展具有紧密联系的体育旅游住宿业、体育旅游餐饮业、体育旅游交通业、在线体育旅游业、体育旅游通信业和体育旅游用品业加以阐述。

一、体育旅游住宿业

体育旅游实质上是一种物质与精神相结合的综合性活动，无论以何种形式开展体育旅游，都需要解决住宿问题。因为住宿是体育旅游者充足睡眠的基本保障，睡眠是体育旅游者的基本生理需求。

体育旅游住宿业是为体育旅游者提供住宿及多种综合服务的行业。旅游住宿业是旅游业的重要环节，与旅行社业、旅游交通业被称为旅游业的三大支柱。旅游住宿业与体育旅游项目相结合，为体育旅游者提供以休息为代表的服务。

（一）体育旅游住宿业的分类

1. 旅行饭店

旅行饭店是以旅游接待设施为依托，向体育旅游者提供住宿、膳食等综合服务的商业性企业。旅行饭店类型需多样化，以满足不同游客的需求。旅行饭店所处的地理区位不同、服务对象不同、规模不同，以及计价方式的差异均会影响其经营模式和经营效益。因此可根据旅行饭店的接待对象、计价方式、规模大小及地理位置对其进行分类。

（1）根据饭店接待对象分类。

①暂住型饭店。

接待商务客人、多类旅游客人及因为各种原因作短暂逗留的其他客人。

②长住型饭店。

以接待长住客人为主，采用公寓式建筑，通常提供厨房设施，宾客自理饮食。

③度假型饭店。

以接待游乐、度假的客人为主，多建于海滨、海岛、森林等地，有各种娱乐体育设施。

（2）根据饭店计价方式分类。

①欧式计价饭店。

客房价格仅包括房租，不含食品、饮料等其他费用。

②美式计价饭店。

客房价格包括房租及一日三餐的费用。

③修正美式计价饭店。

客房价格包括房租、早餐和一顿正餐的费用。

④欧陆式计价饭店。

客房价格包括房租及一份简单的欧陆式早餐即咖啡、面包、果汁等的费用。

⑤百慕大计价饭店。

客房价格包括房租及美式早餐的费用。

（3）根据规模大小分类。

分为大型饭店、中型饭店、小型饭店。

（4）根据地理位置不同分类。

分为城郊饭店、城市饭店、乡村饭店、机场饭店、车站码头饭店。

2. 特色住宿

（1）露营。

露营是暂时性地离开城市或人口密集地区，利用帐篷、睡袋、小木屋等在户外过夜，享受大自然的野趣和优美的自然景观，并参与休闲健身、休憩及娱乐活动。常见的露营场所有帐篷营地、自行车营地、汽车营地和露天营地等。

（2）房车。

又称"车轮上的家"，兼具"房"与"车"两大功能，但其属性还是车，是一种可移动、具有居家必备基本设施的车种。房车上的设施有卧具、炉具、冰箱、橱柜、沙发、餐桌椅、盥洗设施、空调、电视、音响等家具和电器，可分为驾驶区域、起居区域、卫生区域、厨房区域等。房车是集"衣、食、住、行"于一身，实现"生活中旅行，旅行中生活"的时尚产品。房车旅游具有自发性、灵活性等特点，旅游路线较为随意，能为旅游者带来自由、轻松的旅游体验。

（3）帐篷酒店。

帐篷是一种可拼装、可拆卸且易于移动的临时性建筑，同时能将人工建筑和自然环境、生态体验结合在一起。帐篷酒店以原生态自然环境为背景，更好地与地势、地貌结合，与周围环境形成统一。因此，帐篷酒店给户外体验者与自然共融的一种状态，使其享受到"天人合一"的松弛感。

（4）体育营地。

体育营地是利用户外自然资源开展户外休闲体育活动的场所。体育营地建设需有适合休闲度假的场所，要求空间宽广、空气清新。

①登山营地。

登山是指在特定要求下，运动员徒手或使用专门装备，从低海拔地区向高海拔山峰进行攀登的一项体育活动。登山运动可分为登山探险（也称高山探险）、竞技攀登（包括攀岩、攀冰等）和健身性登山。登山营地是为保障登山运动员能得到适宜休息和运输物资等需要而设置的营地。

②溯溪营地。

溯溪营地就是溯溪者利用适宜休憩的户外环境而搭建的野外露营场地。溯溪是克服地形上的各处障碍由峡谷溪流的下游溯溪而上最终登上山巅的一项探险活动，它是由登山、攀岩、露营、游泳、绳索操作、野外求生、定位运动、赏鸟等综合性技术组成的户外活动。

③户外拓展营地。

户外拓展营地是为提高个体和组织的环境适应与发展能力，依托自然地域而构建的体验式的训练营地。可提供人们所需的生活、休闲、锻炼等固定的场所，它具有一些野外拓展不具备的设施和器材。

（5）体育主题酒店。

主题酒店是指以酒店所在地最有影响力的地域特征、文化特质为素材，设计、建造、装饰、生产和提供服务的酒店。其最大特点是赋予酒店某种主题，并围绕这种主题营造出一种无法模仿和复制的独特魅力与个性特征，实现提升酒店产品质量和品位的目的。

体育主题酒店就是将体育的主题与元素融入酒店，使酒店具有鲜明的体育特征，同时将体育个性化服务项目融入主题元素中，让旅游者全方位感受体育的氛围，例如篮球主题酒店等。

（6）快捷酒店。

快捷酒店是相对于传统的全面服务酒店而存在的一种酒店。其最大的特点是房价便宜，服务模式为"b&b"（住宿＋早餐）。最早出现在20世纪50年代的美国，如今在欧美国家已是相当成熟的酒店形式。快捷酒店的目标市场是一般商务人士、工薪阶层、普通自费旅游者和学生群体等。快捷酒店一般以连锁化的加盟或特许经营模式为主，通过连锁经营达到规模经济，提高品牌价值，这也是快捷酒店区别于其他星级酒店和旅馆的一个明显特征。较为知名的快捷酒店有如家快捷酒店、锦江之星旅馆、格林豪泰酒店、速8酒店、汉庭快捷酒店、7天连锁酒店等。

（7）太空舱、胶囊旅馆。

近年来，在一些旅游城市以及发达城市兴起一些和青年旅馆相似的住宿行业，它们通过低廉的价格和新颖的造型吸引游客。太空舱、胶囊旅馆与青年旅馆一样以床位论价，拥有公共的洗浴间、厨房、娱乐休闲场地以及自助餐厅等。区别在于太空舱和胶囊旅馆的床位是封闭式的，住客拥有自己的独立空间。太空舱里配有独立充电插座、迷你电视机等日常用品，满足了部分游客的需求，也由此成为住宿业的新宠。

（8）客栈。

客栈是古代酒店的名称，客栈最初只为旅客提供基本的食宿及停放马车服务，并不提供消遣类的服务。到了大航海时代，客栈的规模开始扩大，部分客栈已能提供30多间客房，并设有酒窖、食品室及厨房，满足了旅客更多的需求。现代客栈与青年旅舍呈现出较为一致的服务特点。目前在中国，客栈一般设在古城旅游景点以及旅游城市中，服务形式与青年旅舍基本相似。

（9）农家乐。

农家乐在中国还处于起步阶段，目前还没有形成统一的管理和规范。一般的农家乐都包含住宿、餐饮（以当地农村特色美食为主）、田园采摘等项目。农家乐是乡村与城市之间进行沟通的桥梁，是城市居民了解和回归大自然的一种休闲旅游方式。

（二）体育旅游住宿业的特征

体育旅游住宿业是为满足体育旅游者"食、住、行、游、购、娱"旅游六大要素中的食、住、娱等要素的需求而发展起来的产业，具有以下特征。

1. 依托性

体育旅游住宿业具有高度的依托性，体育旅游住宿业的发展规模和速度很大程度上取决于它所在地区的体育旅游业的发达程度。如果一个区域拥有吸引力强的体育旅游目的地，则能够吸引众多的体育旅游者前往该体育旅游目的地参与体育旅游活动，那么必然会带动当地住宿业的发展。故而体育旅游住宿业的发展与当地体育旅游业的发展有较强的依托性。

2. 多样性

由于体育旅游产品类型多种多样，因而其住宿业也呈现出多样性。随着体育旅游业的不断发展，越来越多的户外体育旅游产品被大众所知，如攀岩、丛林探险、冲浪等各种不同的旅游项目逐渐被大家喜爱。而这些项目所需要的住宿特点是多种多样的，因而产生了帐篷酒店、登山营地、溯溪营地等各具特色的体育旅游住宿业。

3. 环保性

体育旅游倡导在天然环境下进行健身、娱乐、观光等活动，体育旅游者对旅游住宿的要求也更加倾向于自然、生态的环境。因此体育旅游住宿业的建造大多不同于一般的酒店，其建筑往往是低消耗、低污染，并且符合可持续发展的理念。

4. 风险性

由于体育旅游业的特殊性，它所针对的群体、体育旅游资源及地理环境不同于普通的旅游业。故而体育旅游住宿业受天气变化、自然灾害、突发事件、地理环境等的影响相较于普通住宿业更大。如遇到狂风暴雨，帐篷住宿将无法进行；遇到洪水，溯溪营地便无法进行。所以，体育旅游住宿业具有脆弱性，其风险性更大。

二、体育旅游餐饮业

（一）体育旅游餐饮业概述

体育旅游餐饮业就是指具有固定场所，利用餐饮设备、原料，从事饮食烹饪加工，为体育旅游者提供社会生活服务产品的生产经营性服务行业。体育旅游餐饮业一直是人们生活中不可或缺的行业，也是体育旅游业的重要组成部分。体育旅游餐饮质量的好坏，对体育旅游者的身体健康及旅游体验有直接的影响，因此旅游饭店应根据体育旅游者的营养、生理需求和饮食习惯，提供能量适中、营养齐全、新鲜优质的膳食，以满足体育旅游者生理需求，从而保障体育旅游活动的顺利进行。

（二）体育旅游餐饮业的特点

随着体育旅游业的兴起，体育旅游餐饮业逐步发展，其行业规模也在不断扩大，呈现出以下几个特征。

1. 客源的广泛性

体育旅游餐饮业的客源十分广泛，主要体现在服务对象的广泛性上。随着体育旅游的快速发展，出入境旅游人数与规模也在不断上升，而体育旅游餐饮业作为体育旅游的重要组成部分，所面向的消费者来自全国乃至全球各地。因此，体育旅游餐饮业的客源表现出广泛性的特点。

2. 产品的多样性

在体育旅游过程中，品尝体育旅游目的地的特色美食和感受当地的餐饮文化，已成为体育旅游者的重要活动之一。特色美食作为一种旅游产品，也已成为吸引游客的独特资源。而体育旅游的不断发展与体育旅游者的多元化需求，也促使体育旅游餐饮企业要提供多样化的产品和服务。

体育旅游目的地所处的地域环境、自然资源以及文化背景的不同虽然造成人们在餐饮习惯上具有区域性，但同时也使旅游目的地为体育旅游者提供独具特色的饮食产品成为可能。沿海地区会为体育旅游者提供新鲜美味的海鲜产品，而内陆地区则会提供不同风味的小吃等。体育旅游餐饮业的产品多样性还表现为它可以根据体育旅游者需求，为其提供不同水平的餐饮服务，如经济型的餐饮服务、标准型的餐饮服务和豪华型的餐饮服务。

3. 经营的波动性和间歇性

体育旅游餐饮业受需求、季节、区位、交通等多种因素影响，因而具有波动性。体育旅游本身就具有季节性、区域性特征，体育旅游餐饮业依托体育旅游而发展，因此也会跟其呈现出一致的规律。旅游目的地交通便利，又正值旅游旺季，餐饮业生意自然红火；反之，则相反。

（三）体育旅游餐饮业的分类

按不同的表现形式，体育旅游餐饮业主要可分为以下几类：

1. 中餐厅

中餐厅以经营中餐为主。中餐指中国风味的餐食。中国地域辽阔，各地的口味差异明显，以至形成了不同的菜系，其中以享誉海内外的粤菜、湘菜、川菜、闽菜、苏菜、浙菜、徽菜、鲁菜等八大菜系最为著名。中国各个省市内不同地区的菜肴口味和菜式也不尽相同。

2. 西餐厅

西餐厅以经营西餐为主。西餐，顾名思义是西方国家的餐食，其准确称呼应为欧洲美食，或欧式餐饮。西餐菜式料理与中国菜不同，一般使用橄榄油、黄油、番茄酱、沙拉酱等调味料。不同的主食都会搭配上一些蔬菜，如番茄、西兰花、土豆等。西餐的主要特点是主料突出，形色美观，口味鲜美。

3. 中国地方特色风味小吃餐厅

中国地方特色风味小吃历史悠久、品类丰富、风味独特，中国地方特色风味小吃是千年来烹饪的历史结晶，是一个地区不可或缺的重要特色。比如武汉的热干面、长沙的臭干子、重庆的火锅等，这些地方特色风味小吃已成为当今体育旅游者所喜爱的饮食之一。

4. 多功能餐厅

多功能餐厅功能齐全，既可以举办中餐宴会、西餐宴会、冷餐酒会、鸡尾酒会，还可用作大型国际会议、大型展销会、大型节日活动的场所。多功能餐厅大多配有活动舞台、音响灯光、视听同步翻译等设备，可以为不同性质的活动提供服务。在这类餐厅中会定时开展一些娱乐性活动，这不仅可以缓解人们在体育旅游途中产生的疲劳，使人们的心情得到放松，还可以作为宣传体育旅游景点的亮点，丰富体育旅游活动的内容。[1]

---

① 蔡万坤，靳星，杨昆. 餐馆老板案头手册：成功经营餐馆必知必做的 217 项工作 [M]. 北京：人民邮电出版社，2008：76.

三、体育旅游交通业

（一）体育旅游交通的概念

体育旅游交通是交通运输的有机组成部分，主要是满足体育旅游者空间移位之需。体育旅游交通主要用于体育旅游客源地与目的地以及各体育旅游地之间。体育旅游交通线路需经过提前规划与设定，有时会经过多个旅游风景区，不仅给体育旅游者带来交通便利，而且可充分满足体育旅游者的游览需求。

（二）体育旅游交通的特征

体育旅游交通既具有交通运输的服务性、基础性等一般特点，也有其自身的特征。

1. 游览性

体育旅游交通具有能够进行空间移动的特点，最重要的是具有在体育旅游旅途中观赏旅游风景的特点，某些特殊的旅游交通工具本身就是游览工具和游览项目，比如缆车、索道、竹筏、摆渡车等。

2. 季节性

由于体育旅游具有季节性的特点，随着季节变化体育旅游客流量也发生变化，体育旅游旺季游客量骤增，淡季则游客量骤减，体育旅游交通客流量也随之发生相应的变化。所以季节性问题不仅是体育旅游业需要解决的问题，也是体育旅游交通业面临的困难。

3. 区域性

体育旅游目的地分布在一些特定区域，体育旅游交通供给服务也集中在体育旅游目的地与客源地之间。随着体育旅游的客流量、流向、流程、流时的变化，体育旅游交通运输主要集中在体育旅游目的地所在区域范围内。因此，体育旅游交通具有区域性的特点。

4. 可达性

安全的体育旅游交通工具和设施是体育旅游活动能顺利完成的基本条件，体育旅游者需要依靠交通工具实现空间转移，安全、便捷的交通条件是体育旅游者可进入体育旅游目的地的基本前提，因此体育旅游交通的安全、可达性就显得尤为重要。

（三）体育旅游交通工具分类

1. 传统交通工具

（1）陆上交通工具。

传统的陆上交通工具主要是指供旅行者出行或运输行李所用的各种车辆及工具。具体可分为人力车和畜力交通工具两类。

①人力车。

人力车是古老的交通工具，原始人力车的轮子都是木制的，后来随着生产力的发展，被逐渐改进成了可以充气的胶皮轮胎，主要有独轮手推车、双轮手拉（推）车和自行车等。

独轮手推车：以人力为动力的独轮车，主要用于短途或山区运输。

双轮手拉（推）车：用人力牵拉或推动的双轮车，拉（推）车人站在两条车辕中间，双手扶车辕，身体微向前倾而拉车或推车前行。

自行车：是两轮的小型陆上车辆，以脚踩踏板为动力，是绿色环保的交通工具，相对轻巧便捷、价格低廉，是体育旅游者常选择的交通工具。

②畜力交通工具。

畜力交通工具主要有两类：一类是以动物直接载人或载物进行空间

移动，最常见的有畜力雪橇、骆驼和牦牛等；另一类是则是以动物为牵引，带动装有滚动轮的车厢前行，比如马车。

畜力雪橇：以畜力作为动力，是雪地载人载物的重要交通工具，有马雪橇、狗雪橇等。

骆驼：骆驼忍饥耐渴，能负重很远，善于在沙漠里行走，故被誉为"沙漠之舟"。

牦牛：牦牛蹄宽大、质坚实，善行山路，在空气稀薄的高山峻岭间也能驮运东西，自古以来便是藏民族主要的交通运输工具，素有"高原之舟"的称誉。

马车类：采用畜力为动力，有马车、牛车、驴车等，通常由畜力牵引一个带篷的车厢，车厢可以蔽日防尘、阻隔风雨，宜于人乘坐。车厢的门一般留在前部，剩余三面用木栅围隔，窗户设在车厢两侧靠前的部位，乘车者可以借由窗户观看外部风景，闲时可以用布帘将其遮挡起来。冬天于车厢外部罩棉布可防寒保暖。车厢底部安有可拆换的藤编座面，在行驶途中能有效减少颠簸，且藤编的座面夏季通风凉爽，冬季铺上棉褥便可御寒，非常实用。

（2）水上交通工具。

传统水上交通工具主要是利用一些漂浮物制作而成，材质原始且成本低，安全性也较低。常为人们使用的传统水上交通工具有以下几种。

①木船。

木船通常指借助橹、桨等行驶，以木材作为船体结构主要材料的船，部分木船也在板材连接处使用金属材料。木船是古时最重要的渡河工具，人工划桨或摇橹是其主要动力。

如今，木船多被有河湖的旅游景点用作供游客体验休闲、观光游览的交通工具，游客乘船观赏美景之余，还能感受和体验别样风情，所以木船实际上也是体育旅游目的地的体验项目之一。

②羊皮筏子。

羊皮筏子是用于载人载物渡河的交通工具。人们在杀羊时，将羊皮整张褪下，将羊的四只脚和嘴巴位置的口子用绳子系好，只留一个口子，用时用嘴吹足气，使其充气鼓起，这样羊皮就变成了一个羊皮气囊。渡河时人们便抱着羊皮气囊，划水过河。将多只羊皮气囊捆在一起，绑在扎好的竹架子上就做成了一个更为稳当可靠的羊皮筏子。[①] 黄河流域的某些景点已将羊皮筏子开发成体育旅游的交通工具和体验项目。

③竹筏。

又称竹排，用竹子捆扎而成，具有吃水小、浮力大的特点，是浅水河流的水上交通工具之一，可用于载人或载物渡河。在贵州省赤水河流域就有一种民间绝技——独竹漂。仅仅依靠一根粗壮的竹子漂浮于水面，人们手持细长的竹竿站在竹子上以竿为桨，划水前行。独竹漂经过千百年的传承与发展，已成为当地每年端午节与龙舟赛齐名的表演项目，表演形式有单人、双人和多人。动作有难度、技巧，队形富于变化。独竹漂已成为体育旅游者到当地观赏和体验的一大亮点项目。

④龙舟。

龙舟是在船上画着龙的形状或做成"龙"形的船。赛龙舟是中国民间传统的水上体育娱乐项目，是一种集体划桨竞赛，分为起龙、游龙、竞赛、收龙等几个环节。体现出中国悠久的历史文化传统和人们的集体主义精神。[②] 每逢端午节，赛龙舟已成为南方各大城市的重要节目，很多体育旅游者也会驻足观赏，感受万人欢腾赛龙舟的盛况。

2. 现代交通工具

（1）陆上交通工具。

现代陆上交通工具与传统陆上交通工具相比功能更多，速度更快，技术更加发达。传统的自行车由于节能环保等优点，还依然为人们所普遍使用，其他传统的陆上交通工具已多被汽车、火车、摩托车等现代陆

---

①　王静. 山西传统交通工具研究 [D]. 太原：山西大学，2011：23.

②　百度百科. https://baike.baidu.com/item/%E9%BE%99%E8%88%9F/2785287?fr=aladdin. 2022-2-18.

上交通工具所取代。现代陆上交通工具种类较多，多数都可用于体育旅游活动。

①汽车。

汽车通常被用于载运客人、货物，是体育旅游者外出时重要的交通工具之一，按其用途可将其分为普通运输汽车（轿车、客车、货车）、专用汽车（作业型、运输型）和特殊用途汽车（竞赛汽车、娱乐汽车）。在体育旅游中主要以运输汽车和特殊用途汽车为主，体育旅游者一般根据自身需要及旅游目的地交通设施状况等合理选择车型。作为自驾游所使用的轿车、房车也越来越受体育旅游者喜爱。此外，在部分体育旅游项目中还会涉及特殊用途的汽车，比如赛车、高尔夫球场用车、海滩游乐用车等。

②列车。

列车是现代体育旅游者出行时主要选择的交通工具之一，因其具有载量大、舒适、安全等特点，很受体育旅游者喜爱。按照列车用途可将其分为客运列车、货运列车和特殊用途列车。近年来，随着科学技术的进步，列车得以高速发展，不仅运行速度加快，而且乘坐环境更加舒适。根据列车运行的速度、路线、服务设施的不同可以将其分为以下几类：高速铁路动车组列车（G字开头）、城际动车组列车（C字开头）、动车组列车（D字开头）、直达特快旅客列车（Z字开头）、特快旅客列车（T字开头）、快速旅客列车（K字开头）、普通旅客快车（普快）、普通旅客慢车（普客/普慢）、临时旅客列车（L字开头）、旅游列车（Y字开头）、城际专运客车（S字开头）。

③磁悬浮列车。

磁悬浮列车靠磁悬浮力推动前行，通过轨道的磁力悬浮于空中。具有速度快、耗能低、噪音小、污染少及舒适等特点。但磁悬浮列车用于商业运营的还较少。

④摩托车。

摩托车拥有轻便灵活、行驶速度快等特点，是体育运动项目常见的交通工具之一。摩托车骑游是体育旅游者的一种新潮的旅行方式，目前很多摩托车协会经常组织协会成员进行摩托车竞赛或者骑游。

根据摩托车的结构可将其分为两轮摩托、三轮摩托和四轮摩托。两轮摩托可进一步分为普通车、微型车、越野车、赛车等；三轮摩托可分为普通三轮摩托（多用于运货、载人）和专用三轮摩托（警车、自卸车等）；四轮摩托多用于游乐场、雪地、沙滩、山地等体育旅游景区。

（2）水上交通工具。

水上交通按航行的区域可分为洲际和国家间的海上交通，也称远洋交通；而在本国沿海区域各港口之间的交通，称为内河交通。水上交通的作用是通过客船、货船等运载客人和货物。随着社会经济与体育旅游的发展，水上交通不仅用于运载客人和货物，越来越多的体育旅游者用其来进行航海和冒险，如帆船、摩托艇、潜艇等。

①客船。

客船是常见的运载客人的水上交通工具，根据其附带功能、航行区域的不同也可分为很多种类。第一类是航行于沿海及国家间的远洋客船和沿海客货船。远洋客船曾因多兼运载邮件，又被称为"游船"。第二类是用于游客游览的旅游船，其服务设施与娱乐设施十分发达。第三类是用于运输旅客及其自备汽车的汽车客船。这类客船从一定程度上促进了自驾游的发展。第四类是在集装箱运输和汽车客船大型化的基础上发展而成的混装客货船，多用于沿海中程定期航线。第五类是航行于江河湖泊上载客量大、停靠频繁的传统客船和小型高速客船。

②游艇。

游艇集航海、运动、娱乐、休闲等功能于一体，满足个人及家庭享受生活的需要。在发达国家，游艇像轿车一样多为私人拥有，而在发展中国家，游艇多作为公园、旅游景点的经营项目供人们消费。按照其功能一般分为休闲艇、商务交际艇、赛艇、钓鱼艇等。按照档次可分为高档豪华游艇、中档普通游艇和廉价游艇。

③帆船。

帆船是依靠风力而行的自然环保的水上交通工具，因具有竞技探险、娱乐观赏性而备受体育旅游者喜爱，使用帆船时要根据其功能特点来选择相应的帆板。

④摩托艇。

摩托艇运用汽油机、柴油机、涡轮喷气发动机等为动力，集现代科技、观赏、竞技等功能于一体，它包括竞速艇、运动艇、游艇、汽艇、水上摩托、气垫艇、喷气艇、电动艇等。

⑤潜艇。

潜艇又被称为潜水艇，按其体积可分为大型潜水艇（主要运用于军事）、中型潜水艇、小型潜水艇（袖珍潜艇和潜水器）和水下自动机械装置，潜艇除用于军事事务以外，还可用于海洋科学研究、搜索救援、水下旅游观光等。

（3）航空交通工具。

航空交通工具指在地球大气层中进行飞行活动的飞行器，比如飞机、热气球、飞艇、直升机、滑翔机等。

①飞机。

飞机可分为民用飞机与军用飞机两种。民用飞机又分为客机、运输机、农业机、医疗救护机、游览机、气象机等。体育旅游者常使用民用客机，民用客机具有体型大、载客量大等特点。

②热气球。

热气球是利用热空气或某些密度低于气球外空气密度的气体（比如氢气和氦气）以产生浮力飞行，由球囊、吊篮和加热装置组成。热气球飞行受自然环境影响特别大，因为它会随风而行，飞行速度由风速决定。热气球没有方向舵，升降是靠改变球囊内空气温度控制热气球浮力来完成。它具有探险、休闲、旅游观光、空中摄影、地质地貌测绘等功能。乘热气球飞行已成为体育旅游者喜爱的航空体育运动。

③飞艇。

飞艇是一种航空器，由流线型艇体、吊舱、尾面及推进装置组成。艇体的气囊内充以密度比空气小的气体（如氢气或氦气），借以产生浮力使飞艇升空。吊舱供人员乘坐或装载货物，尾面用来控制航向与俯仰的稳定。飞艇与热气球最大的不同就是飞艇有推进装置，可控制飞艇速度。

④直升机。

直升机是一种可以在较小的空间内垂直升降的飞机，可以做低空、低速和机头方向不变的机动飞行，它分为单旋翼式和双旋翼式。民用方面主要运用于短途运输、医疗救护、地质监测、护林防火等。直升机也可运用于空中观光与旅游。在经济发展和体育旅游需求的推动下，直升机在体育旅游领域的应用将会越来越广泛。

⑤滑翔机。

滑翔机是一种以自身重力为前进动力，由高处斜坡向下进行下滑飞行或由牵引力起飞升空的航空器。飞行的方式有滑翔和翱翔两种，滑翔就是依靠自身重力从上往下滑行前进，翱翔是利用上升气流平飞或升高。悬挂式滑翔机完全靠风和上升气流飞行，动力式滑翔机自身带有动力装置，能够自行起飞。

滑翔机按飞行性能还可分为初、中、高三级，初级操作简单，滑翔高度较低，适合初学者使用；中级滑翔机性能介于初级和高级之间，适合进行提高技术训练者使用；高级滑翔机飞行性能较好，设备完善，适合专业滑翔人员使用。

四、在线体育旅游业

21世纪后，互联网快速普及，技术赋能下在线旅游、移动旅游悄然兴起并发展成为旅游新业态，体育旅游随之变得更加便捷。体育旅游以更加透明合理的价格和独特的体验进一步发展。1999年，携程网成为中国在线旅游服务业的开端，其后便飞速发展并迅速占领了高端旅游市场，消费能力强的高端商务人士和休闲散客成为携程网最大的客户群。2011年，腾讯花费5.46亿元人民币收购了艺龙16％的股权；同年，百度投资3.06亿美元入股去哪儿网；互联网电商巨头京东与芒果网展开机票业务合作，其酒店预订业务就此上线；淘宝网也打造了阿里旅行，经营机票、酒店、旅行线路产品和地方单项产品。至此，中国互联网三巨头全部斥巨资进入在线旅游行业，共同推动了互联网体育旅游市场的发展。

美国联邦网络委员会（FNC）将"互联网"定义如下：互联网是全球性的信息系统，通过全球性唯一的地址逻辑连接在一起，这个地址是建立在互联网协议（IP）或今后其他协议基础之上的，可以通过传输控制协议（TCP）和互联网协议，或者今后其他接替的协议或与互联网协议兼容的协议来进行通信，可以让公共用户或者私人用户使用高水平的服务，这种服务是建立在上述通信及相关的基础设施之上的。[①] 具体而言，互联网是一个没有特定疆界的网络实体，泛指网络与网络之间所串连成的庞大网络，这些网络以一组通用的协议相连，形成巨大的国际网络系统，从而实现信息交换与共享。随着经济和社会的发展，为使人们能在任何时间、任何地点获取互联网信息，移动互联网于21世纪初诞生。移动互联网主要由移动终端（包括笔记本电脑、智能手机等）、移动接入网（WiFi等）、公众互联网业务组成。

21世纪是技术变革和信息化高度发展的时期，伴随着社会的不断进步，互联网已渗透到生产和生活的各个领域，如房地产、金融、仓储、批发和零售等行业，在很大程度上提升了企业运营和管理的效率。同时，也催生了一系列新兴产业，促进了国民生产总值的提高。体育旅游作为一项服务属性较强的产业，随着中国人均GDP的增长和消费水平的不断提升，参与体育旅游活动的人数也逐渐增多。随着互联网的不

---

① 赵健，肖云，王瑞. 物联网概述［M］. 北京：清华大学出版社，2013：113—114.

断融合与发展，体育旅游业出现了日益多元和完善的发展业态，主要体现在以下几个方面：首先，互联网催生了一系列在线旅游企业，促进了体育旅游产业发展；其次，互联网的融合与发展使企业的管理逐渐走向智能化管理，节约了管理成本，提升了体育旅游企业管理效率；最后，互联网的发展改变了人们的旅游出行方式，为体育旅游者的出行提供了便捷与多样化的选择。

（一）在线体育旅游业蓬勃发展

2016 年，国家旅游局与国家体育总局发布《关于大力发展体育旅游的指导意见》。《意见》指出："鼓励利用场地设施，专业人才组建体育旅游企业，开展体育旅游业务。推进连锁、联合和集团化经营，实现体育旅游企业规模化、集团化、网络化发展。"互联网在体育旅游行业中的发展，进一步激发了国民对体育旅游的需求，同时对体育旅游产品的需求也出现了差异化和细分化的现象；这在一定程度上促进了在线体育旅游市场的发展。在线体育旅游是通过网络或电话向体育旅游者提供酒店、机票、体育旅游线路等体育旅游产品预订服务。目前在线旅游服务商依据其在线旅游产业链中所提供产品和服务的性质为标准，可将其划分为上游供应商企业、中游渠道商企业和下游媒介营销平台企业。在国内，上游供应商企业有芒果网（港中旅旗下）、遨游网（中青旅旗下）等，中游渠道商企业有携程、艺龙、同程、驴妈妈、途牛等，下游媒介营销平台企业有酷讯网、去哪儿、马蜂窝、驴评网等。这些企业的发展都为体育旅游者的出行带来了很大的方便，包括交通、住宿、线路、导游、领队等信息的了解及预订。在国外，比较著名的在线旅游企业有 Priceline、Sabre、Expedia、Tripadvisor 等。根据艾瑞咨询监测的数据显示，2014 年中国在线旅游市场交易规模达 3077.9 亿元，同比增长

38.9%，在线渗透率达9.2%，较上一年增长1.7个百分点。① 如今，随着消费者收入水平的提高和生活方式的转变，人们的旅游方式已逐渐从观光性旅游转变为参与性旅游，更加注重自身旅游的体验过程。其中，体育旅游受到了大多数旅游者的青睐，各大在线旅游服务商纷纷推出滑雪、潜水、攀冰、高尔夫等一系列体育旅游热销产品，并从形式和内容上不断创新，以满足体育旅游者日益个性化的消费需求。

图4-1　2016—2022年中国在线旅游市场交易规模及同比增长率

注：参见艾瑞咨询. 2021年中国在线旅游行业研究报告。

从图4-1可以看出，随着人们旅游需求的增加，以及在线旅游企业的不断涌现，自2016年到2022年，中国在线旅游市场的交易规模总体呈上涨趋势。（2020年后由于疫情原因有大幅下降）并且，伴随着日益激烈的竞争市场，一些新兴的在线旅游企业也异军突起。

（二）第三方应用软件平台（APP）涌现

体育旅游因具有综合性的特征，其活动范围覆盖了生产和生活的各个领域和部门。随着移动互联网的覆盖和移动终端（笔记本电脑、智能手机）的普遍使用，相对PC端（Personal Computer）而言，移动端具有携带方便以及使用不受时间和地点限制的特点，很多电子商务企业为了满足体育旅游者能随时随地查询相关体育旅游信息的需要，尤其是针对一些"驴友"或喜爱自助游的体育旅游者，于是便开发了体育旅游者

---

① 艾瑞咨询. 2015年中国在线旅游行业年度监测报告［EB/OL］. （2015-04-10）［2023-09-04］. https://report. iresearch. cn/report _ pdf. aspx?id=2341.

使用的各类 APP。体育旅游者可根据自己的实际需要，使用移动终端进行下载。在交通出行上，可以使用曹操出行、滴滴出行、航旅纵横、高铁管家、丸子地球等 APP 预约相应服务；在饮食方面，可以通过百度糯米、大众点评等 APP 查询和了解当地的美食和特色；另外，还可以通过驴妈妈等 APP 预约和租赁所需的装备或服务。除此之外，对体育旅游者而言，体育旅游路线的安排至关重要，而体育旅游行程的完美体验与地图也密不可分，在地图导览以及导航方面，高德地图等 APP 也为体育旅游者的出行带来了很大的便利。为了体育旅游者能更好、更深刻地体验体育旅游所带来的乐趣，很多商家还研制和推出了一系列体验滑雪、山地自行车、徒步等体育旅游产品的 APP，如咕咚、益动等。体育旅游者可通过这些 APP 预约教练、驴友、场地等，还可以在体育旅游活动的过程中科学地测量自己的心率、卡路里等，还可以及时和朋友、家人分享体育旅游经历和经验。从以上各类 APP 的不断涌现可以看出，互联网技术的运用已深入体育旅游的各个方面。

（三）体育旅游企业管理趋向智能化

随着互联网在体育旅游领域的应用程度不断加深，其已深入体育旅游企业内部管理方面，并逐渐推动体育旅游企业管理朝智能化方向发展。体育旅游企业与住宿、饮食、交通、娱乐等服务性企业关联度高，故互联网的应用对促进体育旅游企业智能化管理，主要从以下几个方面体现出来：第一，体育旅游住宿、交通、饮食企业管理的智能化。在线旅游预订平台的出现，为体育旅游企业产品的销售提供了渠道，体育旅游者可直接通过电脑或移动终端实现对体育旅游产品的预定和支付，体育旅游企业只需在体育旅游者使用产品时，进行一定的引导。第二，体育旅游目的地实现智能化管理。以往到某一体育旅游目的地，体育旅游者需要排队购买门票，而现在，体育旅游者在出行前就可通过电脑或移动终端完成目的地门票的购买，到达后直接采用电子检票（扫描二维码）的方式进入体育旅游目的地。景区和景点管理的智能化还体现在对体育旅游者人身安全、景区基础设施和服务设施的管理方面。如今，大多数体育旅游企业已将互联网技术引入景区的管理，实现对体育旅游者安全的实时追踪和监测，包括对景区体育旅游者承载数量的监控，以及在体育旅游者体验体育旅游产品时对其进行安全监测，等等。

（四）体育旅游服务精准化

传统旅游时代，体育旅游者选择和购买体育旅游产品的方式和渠道较为单一，对新兴体育旅游项目以及体育旅游目的地信息如体育旅游目的地周边的饮食、住宿、娱乐、交通、租赁等信息获取不够及时、准确。如今，随着互联网和移动终端的普及，以及在线旅游市场的逐渐成熟和各种 APP 的应用，体育旅游者已从过去被动地了解和购买体育旅游产品转变为主动地查询和预定。体育旅游者在打算前往某一体育旅游目的地时，在出发前一般就已将体育旅游中所需的产品或服务通过在线旅游平台或移动终端预付。互联网已贯穿于体育旅游活动的全过程，为体育旅游者提供更加精准的服务。

（五）体育旅游专题网站出现

体育旅游专题类网站的建设激发了青年人群参加体育旅游的动机，并增强了其对体育旅游的认识。通过专题介绍与推广，体育旅游者会在互联网上寻找符合自身消费偏好的体育旅游资源信息。另外，使用互联网人群一般具备闲暇的时间和相当的经济实力，具备体育旅游消费的能力，专题网站上的体育旅游产品多为足球赛事、滑雪和赛车、徒步等。凯撒旅游是中国奥委会票务及服务顶级合作伙伴，它获得了里约奥运会相关门票和旅游套餐产品的销售权。凯撒旅游从 2008 年北京奥运会开始进入体育领域，先后推出世界杯、欧冠、英超、西甲、温网等国际顶级赛事的相关旅游产品，覆盖观赛类和体验参与类两大产品线。其服务在场地、装备、天气、行程安排等各个方面做到了精细、专业和安全有保障。

表 4-2　体育旅游专题网站及主要产品

网站名称	体育旅游类产品		
中元奥动	足球（英超、德甲）	户外滑雪（加拿大、法国、美国）	赛车（F1 阿布扎比大奖赛）
凯撒旅游	足球（西甲、欧冠）	滑雪（日本、加拿大、瑞士、挪威、美国）	户外徒步、温泉理疗
易赛游	足球欧洲联赛观赛之旅	网球四大满贯之旅	

五、体育旅游通信业

体育旅游通信业是为用户提供信息交互和传输的行业，包括人与人之间以及人与机器间的信息交互等。

（一）体育旅游通信业的作用

信息技术的变革使世界成为一个"地球村"，各国之间的合作与交流日益加深，在旅游和体育旅游领域的合作上也更加紧密，国际间的体育旅游活动日益频繁，而作为提供体育旅游产品或服务的企业，要想更好地满足体育旅游者的需求，提高产品的服务质量，通信在其中起着重要的作用。主要体现在以下三个方面：首先，通信在体育企业与相关企业之间的合作和联系上发挥着重要的作用。随着在线体育旅游市场的逐步成熟，为了更好的发展，企业之间的合作已成为必然。如酒店、餐厅、体育旅游目的地、体育培训机构、体育旅行社、在线旅游企业等之间的合作已密不可分，其中通信工具扮演着至关重要的角色。有效的通信工具和手段不仅使企业之间的沟通和协调变得更加顺畅，并且在合作上也使其获得了很大的进展。其次，体育旅游通信在企业的内部管理中也起着重要的作用。要提高企业的管理效率，并有效地对企业的内部工作进行合理的调度和安排，也要配备相应的通信工具。如企业对体育旅游景区的监控，包括对体育旅游者的人身安全以及基础设施和服务的管理等，都离不开通信工具的使用。最后，体育旅游通信在企业与体育旅游者信息的传输中也起着重要的作用。目前，各体育旅游企业的发展仍是以体育旅游者的需求为主，而要满足体育旅游者的需求，就必须要通过一定的方式去了解体育旅游者对所购企业产品与服务的体验、认知变化及建议等反馈信息，包括在购买产品和服务之前的认知、预期，以及购买之后的体验感、建议等。只有这样，企业才能最终赢得市场。

体育旅游通信对于体育旅游者而言，其作用主要体现在体育旅游前、体育旅游中和体育旅游后三个阶段。第一，体育旅游前。如果体育旅游者是结伴而行，那么在出行前必须通过一定的通信工具进行联络，如沟通出行的时间、地点等。同时，如果体育旅游者通过在线旅游企业购买相应的体育旅游产品，在出行前企业也会通过一定的通信手段向其传输有关产品的一些信息，如乘车、住宿的时间和地点，以及景区的线路信息等。第二，体育旅游中。因体育旅游具有异地性的特点，且体育旅游者在旅游时，其位置往往不断变化和转移，有时会在荒野、丛林，有时也会在海洋、沙漠。因此，在进行体育旅游时，除了配备专业的领队和向导外，一般还会要求旅游者保持通信畅通，某些特殊旅游环境甚至还需配备卫星电话等通信设备。第三，体育旅游后。很多体育旅游者在体验完一场旅行之后，会通过通信设备分享自己的体育旅游经历。此外，体育旅游者通过在线旅游预订平台购买的相关体育旅游产品后，也可通过一定的通信设备反馈自身对产品和服务的评价等。

（二）体育旅游主要通信工具

1. 电话

包括固定电话和移动电话，是指利用电信号的传输，使用户之间能进行信息交换的一种通信方式。其容易受线路网络的限制，一般只能用于网络覆盖较为良好的地区。

2. 微博、QQ、微信、E-mail

这四种体育旅游通信工具都是在有网络覆盖的前提之下使用的，具有不受时间、地点限制的特点。通过它们可以向接收方传递文字、图片、视频、声音、文件等信息，可传递的内容较为丰富，且成本偏低。

3. 传真

传真是指利用电信号将文字、图像、表格等通过传真机进行信息传输的一种通信方式。具有能保持文件原样的功能，一般主要用于体育旅游企业之间进行合同备份等。

4. 邮政、快递

是指通过物流公司将信件或包裹传递给接收方的一种通信方式，其优点在于能将信件本身有效地传达给对方，这是其他通信工具所不具备的优势；但也有一定的缺点，如传递的速度相对较慢，且容易受其他因素的干扰。

5. 电报

是指利用电信号向接收方传输文字信息的一种通信方式。如今，随着移动终端和电脑的普及，电报已很少有人使用。

6. 对讲机

又称为无线步话机，其在使用过程中无须网络覆盖和信号支撑，可迅速与接收方建立起信息的传输；因此，它被体育旅游者视为在体育旅游过程中进行信息传递的有效方式之一。但它在信息传输上也有缺点，即受信息传递方和信息接收方地理位置的限制，如果超过了某一地理范围，则会出现接收不到信息的现象。

7. 卫星电话

卫星电话是移动电话的一种，但与普通的移动电话大不相同，它是利用地球轨道卫星技术直接与卫星通信进行信息传输。一般在体育旅游者外出旅游时使用，尤其在探险类的体育旅游活动中使用得较多。

六、体育旅游用品业

体育旅游用品业以为体育旅游活动的开展提供各类体育旅游用品的企业为主体。体育旅游用品种数量与科技含量对体育旅游者能否顺利开展体育旅游活动具有直接或间接的影响。例如，从 1921 年开始，英国登山队（队长克·哈瓦德巴里）首次从中国西藏境内攀登珠穆朗玛峰遭遇失败，1953 年 5 月新西兰人爱都蒙德·希拉瑞首次攀登珠峰成功，反映了体育旅游装备质量的重要性以及体育旅游产品科技含量的先进性对体育旅游活动的影响。

体育旅游用品是指支撑体育旅游者开展活动的相关服装、鞋帽、护具、器材等一系列辅助装备及设施的总称。根据一般体育旅游者出行的需要，可以将体育旅游用品做如下分类：

表 4-3　体育旅游用品分类一览表

类别	体育旅游用品
服装类	冲锋衣裤、速干衣裤、绒衣裤、风雨衣裤、羽绒衣裤、滑雪衣裤、普通运动衣裤等
鞋类	登山鞋、越野跑鞋、徒步鞋、溯溪鞋、沙漠鞋、攀岩鞋、高山靴、慢跑鞋等
背包类	登山包、徒步包、折叠包、腰包、电脑包、摄影包等
配件类	户外帽、眼镜、排汗内衣、手套、围巾、袜子等

续表

类别	体育旅游用品
技术装备类	帐篷、睡袋、防潮垫、炉头、套锅、万能火柴、气罐、水壶、头灯、登山杖、汽灯、灯具、照明、手电、刀具、多用工具、指南针、望远镜、海拔表、潜水表、水具、吊床、野营防护、弹弓、户外密码锁等
野外急救装备	工具刀、求生哨、指南针、医疗胶布等
攀爬探险装备	主绳、头盔、快挂、安全带、主锁、上升器、手保护器、成形扁带、菊绳、岩石塞、滑轮、冰爪、冰锥、冰镐、粉袋、镁粉、抱石垫、抱石服等
骑行必备装备	码表、水壶架、水壶、备用胎、尾灯车、轮灯、头盔等
骑行应急装备	补胎工具、撬胎棒、打气筒、组合工具等
自驾车旅游装备	证件类（身份证等证件）、日用品类、车辆备件类等
移动可穿戴设备	户外运动手表、智能手环、可穿戴式相机等

第五章

体育旅游市场与产品

中国的体育旅游业起步较晚，但经过近十几年的发展，已出现众多的体育旅游企业。本章从体育旅游企业经营和发展的视角出发，重点阐释体育旅游市场、体育旅游产品及其开发，也详细阐述体育旅游市场和体育旅游产品的特征、分类以及在开发体育旅游产品时应遵循的原则和程序。

第一节　体育旅游市场

一、体育旅游市场的概念及构成

（一）体育旅游市场的概念

市场是社会生产力发展到一定阶段的产物。按照《简明社会科学词典》① 和《英汉－汉英采购与供应链管理词典》②，市场主要有下列含义：（1）市场是商品进行买卖交换的场所。（2）市场是指整个商品交换关系的总和，反映了市场供求关系变化，也体现了拥有不同生产资料者、生产者、消费者以及国民经济各部门之间的经济关系。（3）市场决定商品交易的总数、可供商品量、可供商品的需求与价格，其主要因素

① 《简明社会科学词典》编辑委员会. 简明社会科学词典［M］. 上海：上海辞书出版社，1992.

② TONY WAIL. 英汉－汉英采购与供应链管理词典［M］. 上海：上海交通大学出版社，2007.

为交易时间、交易地点和交易双方的关系。(4)市场通常指特定产品的经常购买者或潜在购买者。概而言之,市场是商品生产和交换中形成的商品买卖的场所,以及由商品交换产生的各种经济关系的总和,其由供求关系所引起,既是一种经济活动,也是一种社会活动。

旅游市场也是市场的一种。从市场学的视角而言,旅游市场通常指旅游商品经过买卖交换或者具有进行交换意愿的潜在购买者。从经济学角度来看,旅游市场一般指在旅游产业中供求双方进行旅游产品交换的总和。

近年来,随着旅游业和人们个性化需求的发展,越来越多的国民热衷参与体育活动,以更好地亲近大自然、陶冶情操、提升生活品质,从而催生了体育旅游市场的产生和发展。在现代市场经济条件下,体育旅游已发展成为具有全球化规模的大市场,是旅游市场的重要组成部分。

体育旅游市场上的商品种类繁多,它体现了体育旅游产品供求关系的规律。由于体育旅游产品分为无形产品与有形产品,从而也使体育旅游市场形成无形市场和有形市场。

(二)体育旅游市场的构成

从经济学的角度来看,体育旅游市场主要由市场主体、市场客体和市场中介体组成。体育旅游市场的主体是指参与体育旅游产品交换的需求者和供应者,前者是指具有参与体育旅游客观和主观条件的游客,后者是指具有独立的经济利益和自主决策权的经济法人。在市场经济条件下,体育旅游市场主体主要由购买体育旅游产品的消费者、产品的生产者所构成。具有进行交换价值的体育旅游产品是体育市场的客体,其中包含有形的产品和无形的体育旅游资源和服务。将体育旅游市场各个主体之间以一定的形式进行联结的媒介是体育旅游中介体,如旅游咨询、广告商、旅游信息、旅游监管部门、中介代理商等。体育旅游中介体将体育旅游产品供应者与体育旅游产品消费者连接起来。

二、体育旅游市场的特征

体育旅游市场既可指体育旅游需求市场，也可指体育旅游客源市场。本节主要从体育旅游需求市场出发来阐释旅游市场的特征。

（一）全球性

首先，体育旅游客源地与体育旅游目的地遍布世界各地，所以体育旅游市场也分布在全球不同区域，因此，体育旅游市场由全球范围的体育旅游需求与体育旅游供给组成。其次，体育旅游消费者选择参与体育旅游活动的行为不受区域与国界、民族与文化的限制，因而体育旅游市场呈现出全球性特征。

（二）多样性

随着市场经济的发展，消费者个性化需求的特征已日益突出。体育旅游市场需求的多样性主要表现在两个方面：一方面，随着体育旅游市场规模的扩大，可供消费者选择的体育旅游产品种类越来越丰富，既包括观赏型的体育旅游产品，又包括体验型的体育旅游产品。体验型的体育旅游产品又包括在陆域、水域和空域中开展的体育旅游项目。体育旅游产品的多样性带动了体育旅游市场的多样性。另一方面，体育旅游消费者的偏好、性别、职业、收入、文化程度等的差异决定了体育旅游市场需求的多样性。针对体育旅游市场的这一特点，体育旅游企业的经营者和管理者应对体育旅游市场进行细分，深入分析体育旅游目标市场中体育旅游消费者需求的特点，以满足不同体育旅游消费者的需求。

（三）季节性

体育旅游资源本身具有明显的季节性，体育旅游需求市场也随之呈现出季节性的特征。一些体育项目，有其自身的季节性因素，比如滑雪等项目，需待冬季。另外，体育旅游者的消费和流向会随时间、地点及消费强度等因素的变化而表现出明显的旺季、平季和淡季的现象。节假日制度导致体育旅游需求市场出现体育旅游旺季的特点，如在寒暑假、春节、"黄金周"等节假日，参与体育旅游的游客数量明显要高于平时。针对体育旅游需求市场的季节性，体育旅游企业经营者应科学地制定营销策略，以避免旺季接待能力不足、淡季设施大量闲置的现象。

（四）市场需求波动性

体育旅游市场需求波动性主要体现为体育旅游市场需求量的动态变化。从体育旅游客源市场角度来看，体育旅游产品的需求量与一般日常用品有着较大的差异，人们对日常消费用品的需求量较为稳定，而体育旅游产品属于娱乐性产品，人们对其需求量弹性较大，它不但要求游客对某种体育旅游产品具有购买动机，而且需要消费者具有闲暇时间、一定的经济能力以及良好的身体状况等。这就使体育旅游需求市场消费量呈现出波动性，具体表现为人们可自由支配收入增加、闲暇时间的增多，以及主观需求动机变化而出现需求量上升，反之亦然。作为体育旅游消费者而言，相应的体育旅游市场环境和社会环境对其购买能力以及需求量也具有一定的影响，如体育旅游产品价格、产品信息、广告、企业促销活动等。当体育旅游企业举行促销活动时，同一体育旅游产品在价格上比以往低，此时对该产品的需求量则会明显上升。因此，体育旅游产品的经营者应注重对体育旅游市场的调查和研究，并制定科学的营销策略，以有效应对体育旅游市场需求的波动性带来的收入被动、产品配置变化等问题。

体育旅游需求市场也受社会环境因素的影响，这些社会因素主要包括战争、全球性疾病、政治动荡、经济衰退等，它们的变化必然会引发体育旅游的流向与市场消费结构的变化，最终导致与其关联性较强的体育旅游市场产生波动。

三、体育旅游市场细分

（一）体育旅游市场细分的含义

体育旅游市场细分是指当体育旅游市场发展到一定规模时，根据体育旅游市场中消费者的需求、意愿、消费能力、体育旅游产品的类型等因素，将旅游者划分为若干子市场。

（二）体育旅游市场细分的作用

随着体育旅游业的快速发展，体育旅游逐渐被人们所熟悉，尤其是随着人们可自由支配收入增加、闲暇时间增多，以及住宿业、餐饮业、交通运输业及在线服务、通信等相关行业的发展，体育旅游产品和服务种类及旅游者需求出现了日益个性化和多元化的趋势。体育旅游管理者面对如此庞大的旅游市场，要想从中求得生机与获取竞争优势，就有必要对其所处的旅游市场进行科学的细分。对体育旅游市场进行细分，有利于体育旅游管理者正确认识体育旅游市场规律，从而合理而有效地经营与管理体育旅游企业。

对体育旅游市场进行细分，主要有以下作用。

1. 有利于政府管理部门对体育旅游市场的管控

对体育旅游市场进行细分有利于政府管理部门更好地管理与宏观把控体育旅游市场。体育旅游市场细分能够有效地帮助政府管理部门针对体育旅游目的地所属地理环境、人口特征等体育旅游市场特征，制定相应的体育旅游市场培育与发展性政策；有利于政府管理部门根据体育旅游市场供给变化规律对体育旅游市场的规模进行宏观调控。

2. 有利于企业选择目标市场

体育旅游企业面对的消费者本身具有不同的特征，其年龄、性别、收入、文化程度、职业、爱好等都会存在明显的差异，并且这些差异还会随着社会、政治、经济、文化等因素的变化而发生变化。但受资金、设备、人力资源等条件的限制，就目前整个体育旅游市场来说，还没有一家体育旅游企业的产品能够完全满足所有体育旅游者的需求。因此，对体育旅游市场进行细分，有助于体育旅游企业结合自身的实际情况和优势来确定自己的经营范围和目标市场，从而有效地将其有限的人力、物力、财力集中起来进行合理的资源配置，专注于某一市场的经营与服务，这非常有利于企业争取局部市场上的优势，从而精准选择自己的目标市场。

3. 有利于企业制定正确的市场营销策略

通过对细化的体育旅游市场进行全面调研，充分了解不同市场的不同信息，再结合企业产品特点，开发多元化的营销渠道，使体育旅游消费者和潜在的体育旅游消费者从"被迫消费"变为"主动消费"，可帮助体育旅游企业更好地适应市场需求，从而提升企业的竞争力。

4. 有利于企业针对性地开发产品

体育旅游企业通过市场细分，可以判断自身已有的产品是否能够满足消费者的需求，同时也可对未满足的市场需求进行分析，通过对其消费潜力、市场饱和度、竞争状况等进行综合分析，及时升级换代已有产品，开发新的体育旅游产品，开拓新市场，增强企业的竞争优势。

（三）体育旅游市场细分的原则

体育旅游企业在对体育旅游市场进行细分时，应从体育旅游企业自身的人力、物力、财力等实际情况出发，掌握细分市场的需求和价值，这样才能找到适合体育旅游企业经营和服务的目标市场，利于体育旅游企业的快速发展。体育旅游市场细分应遵循以下原则。

1. 差异性原则

差异性原则就是指体育旅游市场细分后，各细分市场中的消费者对同一市场营销方法会呈现出差异性反应，也就是说体育旅游企业针对细分的体育旅游市场应有相应的营销方法。如果同一种体育旅游产品营销方法在体育旅游市场细分中消费者的反应相同，那该体育旅游市场就没有必要再进行细分。

差异性原则能确保体育旅游企业针对细化的目标市场开发产品，以此有效地向体育旅游者提供差异化、个性化的体育旅游产品。

2. 可衡量性原则

可衡量性原则是指体育旅游市场细分时所选择的细分标准是可识别和量化的，也就是说细分出来的体育旅游市场既要有明确的范围，也可对其规模大小予以衡量。比如：细分市场中消费者的年龄、性别、受教育程度、职业、收入水平等都具有一定的可衡量性。如果体育旅游细分市场所选择的细分标准难以衡量，体育旅游市场的细分也会失去实际意义。

3. 可进入性原则

可进入性原则是指体育旅游企业细分出来的市场是其产品可进入并对体育旅游者施加影响的市场，且在细分市场中不仅要有一定数量的体育旅游消费群体，还可为这一部分体育旅游消费者提供相应的产品服务。这包括两层含义：一方面，体育旅游产品信息可以通过媒体顺利传递给该市场的大多数体育旅游消费者。另一方面，体育旅游企业可通过一定的途径将体育旅游产品分销到相应的体育旅游市场。

4. 可盈利性原则

可盈利性原则是指细分的体育旅游市场中体育旅游者对产品和服务

需求的容量及规模可使体育旅游企业实现盈利。所以，体育旅游企业要分析消费群体与潜在消费群体在购买体育旅游产品时的频率及购买能力，以确保企业能在细分市场中获取预期利润。倘若细分出来的体育旅游市场规模过小、市场容量不足、获利较少，则没有必要进行细分。

（四）体育旅游市场细分的标准

体育旅游是一种社会性的休闲活动，其活动不仅受体育旅游消费者的年龄、性别、收入、职业、受教育程度等因素的影响，也受地理环境因素的制约。不同的体育旅游消费者对体育旅游产品的需求亦存在差异，同时也使体育旅游消费者形成了不同的购买行为和习惯。这些因素正是区分各个细分市场差异性的依据，也是细分各体育旅游市场的基础。

体育旅游市场细分的标准比较多，最常见的是按地理环境、人口特征、消费行为等因素进行划分。体育旅游企业可以根据自身资源优势与实际状况来选择合适的细分市场，以此确定企业的经营范围和目标。

1. 按地理环境细分市场

体育旅游活动要依赖一定的地理环境，地理环境因素影响着消费需求，当然也会直接影响着人们选择体育旅游活动的方式。地理环境细分标准以地形地貌、气象气候等地理因素为基础，由此可将体育旅游市场细分为山地户外型、滨海度假型、空中冒险型和冰雪动感型等四类。

（1）山地户外型体育旅游市场。

主要依托山地资源开展体育旅游活动。这类体育旅游活动项目一般包括登山、攀岩、越野、狩猎、高山速降、高山探险、秘境探险等，具有品种丰富、范围广、开展时间长等特点。

（2）滨海度假型体育旅游市场。

主要依托水资源开展体育旅游活动。这类体育旅游活动多在夏季或温带和热带地区开展，常见的活动项目包括冲浪、滑水、潜水、帆船、漂流、溯溪、钓鱼等。

（3）空中冒险型体育旅游市场。

空中冒险型体育旅游项目因为危险性较大，对器材、设备要求高，且这些器材也价值不菲。这类体育旅游活动主要包括开展滑翔伞、热气球等项目，在西方发达国家还推出了翼装飞行项目。

（4）冰雪动感型体育旅游市场。

主要依托自然冰雪或人造冰雪来开展体育旅游活动，其中滑雪、溜冰、冰帆、雪橇、冰雪雕塑等项目为体育旅游者所喜爱。

2. 按人口特征细分市场

人口特征是体育旅游市场细分最常用的标准，体育旅游市场细分是通过大数据对人口特征进行统计，主要包括性别、年龄、受教育程度、收入水平、民族、家庭结构、国籍等人口统计特征变量因素。

根据性别特征可以把体育旅游市场划分为男性体育旅游市场与女性体育旅游市场。男性在性格上较为独立和自强，其肌肉、骨骼与女性相比较为粗壮，他们大多选择具有力量性、冒险性及挑战性的户外体育旅游项目，如登山、冲浪、攀岩等；而女性则会选择具有时尚性、运动量小、轻快柔和的体育旅游活动，如游艇、徒步、骑行等。

根据年龄特征可以将体育旅游市场划分为青年体育旅游市场、中年体育旅游市场和老年体育旅游市场。青年体育旅游市场以体现个性、娱乐性、刺激性、冒险性户外体育旅游活动为主；中年体育旅游市场以体育旅游品质和健康休闲为理念，选择对抗性不强、负荷能力小的健身、健美及娱乐类的体育旅游活动；老年体育旅游市场以放松身心、延年益寿、康养度假类的体育旅游活动为主。

从受教育程度、收入水平角度来看，文化水平的差异使得体育旅游者对体育旅游的需求也有所不同，受教育程度高的体育旅游者可能会选择高端品质的体育旅游活动，而受教育程度较低的体育旅游者往往会选择大众性特征的体育旅游活动。同样，不同收入水平的体育旅游者对体育旅游需求也有差异，高收入水平的体育旅游者在参与体育旅游的过程中，可根据其需求选择高档次、高品质体育旅游活动，低收入水平的体育旅游者则倾向于选择经济舒适型的体育旅游活动。

3. 按消费行为细分市场

体育旅游者直接购买体育旅游产品与服务的消费行为被称为体育旅游消费行为。体育旅游企业可根据体育旅游者的购买动机（目的）、购买时机、使用状况以及对体育旅游产品的忠诚度等行为细分市场。

（1）按体育旅游者的购买动机（目的）细分市场。

体育旅游者基于一定的心理诉求选择体育旅游活动的类型，他们期望所购买的体育旅游产品与服务能给自己带来某种利益，如瘦身塑身、康养健身、社交娱乐、释放压力等。据此，体育旅游市场可细分成度假型、探险型、健身型、康养型、赛事观赏型，等等。体育旅游企业只有真正了解体育旅游者购买某一体育旅游产品和服务的动机，才能为体育旅游消费者提供对路的旅游产品。

（2）按体育旅游者的购买时机细分市场。

根据体育旅游者购买或消费体育旅游产品与服务的时机，可波动划分体育旅游市场。例如，周末、节假日等特定时机体育旅游需求波动大，体育旅游企业可以利用特定时机推出专门的体育旅游服务。

（3）按体育旅游者的使用状况细分市场。

根据使用状况，体育旅游市场可被细分为某一产品和服务的从未使用者、曾经使用者、潜在使用者、首次使用者和经常使用者。体育旅游企业要根据企业发展的阶段合理将营销目标重心倾斜于不同状况的使用者。

（4）按体育旅游者的忠诚度细分市场。

坚定忠诚者即始终不渝地购买一种品牌的体育旅游消费者；中度忠诚者即忠诚于两种或三种品牌的体育旅游消费者；转移型忠诚者即从偏爱一种品牌转换到偏爱另一种品牌的体育旅游消费者；多变型即对任何

一种品牌都不忠诚的体育旅游消费者。体育旅游企业可根据体育旅游者的忠诚度来细分市场，对待不同的旅游者要用不同的方式。

四、体育旅游目标市场的选择

体育旅游目标市场是体育旅游企业在进行市场细分，确定目标消费群体后要进入的市场。体育旅游目标市场的选择是体育旅游市场细分工作的一种延续，是体育旅游企业在评价各体育旅游子市场的基础上选择出一个或几个子市场作为企业市场营销活动对象的过程。

（一）体育旅游目标市场选择的依据

1. 具有市场规模和增长潜力

体育旅游市场是否具有适当规模和增长潜力是选择体育旅游目标市场的基本依据。当然，体育旅游企业的规模和实力应当与其目标市场规模相适。实力雄厚的大型体育旅游企业其目标市场的产品营销规模较大，实力较弱的中小型体育旅游企业由于竞争力较弱，则需避开大规模的细分市场，而寻求其他与自身实力相匹配的市场。体育旅游企业在选择目标市场时还要考虑所选目标市场的消费需求空间及市场发展潜力，因为体育旅游企业要想取得长远的发展，不仅需要目标市场具有稳定性，还需要其具有一定的发展空间，因此不宜选择那些已处于成熟阶段且发展潜力较小的细分市场。体育旅游企业可通过计算目标市场增长率的方法来评估、分析目标市场是否具有一定的需求规模及潜在增长率。

2. 具有结构性吸引力

某个体育旅游细分市场已经被确定具有一定需求规模和发展空间时，这个市场不一定具有盈利性，因为细分市场是否有利润价值还受结构性吸引力因素的影响。例如，如果一个体育旅游细分市场已经被实力较强的体育旅游企业占据主导地位，或者一些从事其他行业或市场的企业大量加入，或者现实的和潜在的低价替代品充斥细分市场，又或者细分市场中消费者压价能力较强、有能够控制价格或降低其产品质量的体育旅游供应商，那么，这个市场吸引力便会下降。

3. 要与企业的经营目标及资源相匹配

体育旅游企业应选择与自身的经营目标和所具备的资源条件相匹配的目标市场。体育旅游企业必须要充分考虑其自身是否具备成功开发产品与市场营销所需的各种资源条件，如资金、技术、人力等，以确保目标市场与企业的经营目标及资源状况相适应。

（二）体育旅游目标市场选择的模式

体育旅游企业对细分市场进行评估与分析后，需确定要进入的目标市场且为体育旅游消费者群体提供相应的产品或服务。目前，体育旅游企业选择体育旅游目标市场的模式有五种。

1. 单一集中化模式

单一集中化模式是指体育旅游企业在选择目标市场时集中于一个体育细分市场。这种模式可使体育旅游企业充分了解该细分市场内体育旅游消费者的特点和需求，同时提供专业化产品和服务为企业带来经济效益。该模式下体育旅游企业需要承担较大风险：一旦竞争加剧或者出现经营不景气的状况就可能会导致体育旅游企业倒闭。

2. 有选择的专门化模式

体育旅游企业从细分市场中挑选出若干目标市场，并为这些目标市场都匹配相应的专业服务，体育旅游企业能在这些互不关联的细分目标市场获得利润。该模式能有效弥补单一集中化模式的不足。

3. 产品专业化模式

产品专业化模式是指体育旅游企业只生产一种产品供给目标市场，即以一种产品或服务满足不同体育旅游者需求的模式。如某一体育旅游企业生产山地自行车以满足青年、中年和老年等不同年龄消费者的需求。在该种模式下，体育旅游企业将同一种产品销售给不同类型的消费群体，而不是将不同类型产品提供给同一个目标市场。

4. 市场专门化模式

市场专门化模式是指体育旅游企业为特定体育旅游消费群体提供专门的旅游产品与服务。比如：体育旅游企业针对老年群体的身体和心理特征提供的康养型体育旅游产品，还可利用已有市场渠道向该细分目标市场销售新的体育旅游产品，如在康养型体育旅游产品中向消费者提供相关的老年保健课程等。

5. 完全市场覆盖模式

完全市场覆盖模式是指体育旅游企业向所有的细分目标市场提供其所需要的产品和服务。一般是比较有实力的体育旅游企业选择该模式。这种模式有利于体育旅游企业较快地提升市场占有率。

（三）体育旅游目标市场选择的策略

体育旅游企业选择目标市场的策略与其选择模式相辅相成。体育旅游企业必须制定符合其自身实际状况与发展目标的市场选择策略，以此来指导其目标市场的选择行为。

1. 无差异目标市场策略

无差异目标市场策略是指体育旅游企业将整个体育旅游市场看作一个大的、单一的目标市场，以一种体育旅游产品去满足所有体育旅游者的需求。无差异目标市场策略的优点在于可减少体育旅游企业的运营成本并形成规模效益，适合需求性高且群众基础好的体育旅游产品，它的缺点是不能完全满足体育旅游者的差异性需求。

2. 差异性目标市场策略

差异性目标市场策略是指将体育旅游市场细分为若干子市场，针对各子市场的需求特点，提供多样化的体育旅游产品。如体育旅游企业同时推出观赏性体育旅游、探险性体育旅游、康养性体育旅游等产品满足不同类型的消费者需求。该策略适合规模大的体育旅游企业，其针对性强，对体育旅游企业扩大市场占有率十分有利；但它会增加企业的经营成本，容易出现资源配置不集中等问题。

3. 集中性目标市场策略

集中性目标市场策略是指体育旅游企业集中力量选择一个或少数几个细分目标市场。该策略常被中小型体育旅游企业所采用，其不足之处是经营风险较大，一旦有实力的体育旅游企业进入该市场，或者出现新兴体育旅游产品，企业就可能会陷入危机。

第二节　体育旅游产品

一、体育旅游产品的概念

从体育旅游市场营销的角度来看，体育旅游产品是指在旅游过程中，能够为游客带来体育效用、旅游效用和满足其所需消费和服务的总和。① 从体育旅游供给角度来看，体育旅游产品是体育旅游者从离开常住地到体育旅游结束整个过程所包含的吃、住、行、游、练（体验体育内涵）、娱、购等全部服务，简单地说就叫作体育旅游产品组合。从体育旅游者的角度来看，它是体育旅游者为了获得物质和精神上的满足，通过花费一定的货币、时间、精力和体力所获得的一次旅游经历。②

总的来说，体育旅游产品是体育旅游企业依靠一定的体育旅游资源和条件为消费者在体育旅游活动中提供的各种服务要素的总和。

二、体育旅游产品的特征

（一）产品组合综合性

体育旅游企业为体育旅游者提供的产品是综合性的。体育旅游者完成体育旅游活动并不是仅靠体育活动或项目本身就能实现的，而是需要一条完整的体育旅游线路共同作用才能促成，每一条体育旅游产品线路都涉及餐饮、住宿、交通、娱乐、观赏等服务。为体育旅游者提供服务的企业、部门也具有综合性的特点。体育旅游者完成体育旅游产品所需的服务是由相关行业共同提供的，涉及不同领域的多个部门。体育旅游者从居住地到达目的地，需要交通、餐饮、住宿、通信等部门为其提供不同的产品和服务。

（二）呈现形式无形性

因体育旅游业属于第三产业，因此，其具有无形性的特点。

体育旅游产品的无形性主要表现在其价值和使用价值的实现形式上。体育旅游产品的价值和使用价值不是以具象的形式表现出来的，而是凝结在无形的服务中。只有当体育旅游者在体育旅游过程中享受到住

---

① 张汝深. 体育旅游产品的开发策略 [J]. 体育科技，2002.23（2）：11.
② 赵长杰. 现代体育营销学 [M]. 北京：北京体育大学出版社，2004：72.

宿、交通、餐饮和娱乐等服务时，体育旅游产品的使用价值才能体现出来；只有当体育旅游者购买体育旅游产品时，其产品的价值才能得以实现。也就是说，体育旅游产品的价值和使用价值要通过体育旅游者的购买和使用来实现。体育旅游者只有在对体育旅游产品进行真实体验后才能感受到其价值，才能对其进行客观真实的评价。

（三）体验方式多样性

体育旅游产品根据市场需求而设计，体育旅游企业结合体育旅游者的年龄、心理、收入、受教育程度、职业等个体特征有针对性地开发种类丰富、形式多样的体育旅游产品，为体育旅游者带来独特、多样的体验感。

（四）不可转移性

体育旅游产品的特点决定了体育旅游市场具有不可转移性。一般而言，企业生产出来的产品需要由生产地转移至客源地来实现商品交换，尤其是互联网购物普及后，消费者甚至可以足不出户就在线实现商品交换。体育旅游产品则不同，由于体育旅游客源地与体育旅游目的地在空间上的分离性，以及体育旅游者与体育旅游服务在时间上的同一性特点，客源市场的体育旅游者必须离开常住地前往体育旅游目的地才能实现其消费行为。

第三节　体育旅游产品的开发

一、体育旅游产品开发的概念及内容

不断开发出适合不同体育旅游者的需求且具吸引力的体育旅游产品

对体育旅游企业的长远发展具有至关重要的作用。体育旅游产品开发是指体育旅游企业或部门为了获取一定的经济效益和社会效益，以满足不同体育旅游者的消费需求为导向，依托一定的体育旅游资源、设施及服务等进行规划、设计、开发和组合的一种活动。因此，体育旅游企业若想要体育旅游产品在市场销售中取得良好的经济效益和社会效益，需要在产品投入市场之前制定科学、有效的开发措施。体育旅游过程中所涉及的交通、住宿、饮食、娱乐、休闲等一系列服务均属于体育旅游产品的范畴。因此，体育旅游产品开发既包括对体育旅游目的地吸引物的开发，也包括对体育旅游活动涉及的一系列服务性行业产品的开发。

二、体育旅游产品开发的原则

体育旅游企业或部门对体育旅游产品的开发需要遵循以下原则。

(一) 市场需求导向原则

市场需求导向原则是根据体育旅游市场的需求内容和变化规律，确定体育旅游产品开发的主题、类别、层次及面向的人群等。体育旅游产品开发的目的是获取最大的经济效益和社会效益，而获得这些效益的前提是旅游产品要能吸引一定规模的体育旅游消费者。这就要求体育旅游企业在开发体育旅游产品时，首先，要牢固树立以市场需求为导向的原则，加强对体育旅游市场因素、客源条件的调查分析，在了解市场情况、分析市场动态、预测市场未来的基础上，以体育旅游市场需求作为开发新产品的基本出发点。其次，要以最大限度地满足体育旅游者的需求为标准，准确把握市场需求和变化规律，结合体育旅游资源特色，根据资源条件和客源市场需求指标确定明确开发方向。最后，要根据需求和开发方向选择体育旅游产品的开发重点，从而减少在开发过程中的盲目性，最大限度地降低开发成本。

（二）特色、创新原则

特色是体育旅游产品的核心竞争力。体育旅游企业要根据现有体育旅游资源的特征及优缺点，开发出具有鲜明特色和吸引力的体育旅游产品，这样才能提升产品在市场竞争中的优势。体育旅游产品的特色主要是相对于同行业竞争对手的产品而言的，在对体育旅游产品的开发中，体育旅游企业不仅要保持地方体育旅游资源原有的特色和面貌，并且开发出来的产品还要使体育旅游者能产生赏心悦目的感觉，做到人无我有，人有我优。例如，环青海湖国际公路自行车赛就是依托我国西北地区独具特色的高原生态和民族文化而打造出来的一项颇具影响力的体育旅游产品，从同行业的竞争产品来看，其表现出了鲜明的主题和特色。

俗话说"物以稀为贵"，体育旅游产品的吸引力在很大程度上取决于产品自身是否新奇，在其他产品面前能否表现出其与众不同的特点，而这些新奇优势往往来源于产品开发时的创新。坚持创新原则，就是要开发能更好地满足消费者需求的体育旅游产品，它包括使用性能更好、更便捷、更安全，外观更加符合消费人群的审美要求，使用材料更加符合环保要求，普及人群更广泛，休闲效果上更能体现以人为本的理念，等等。另一方面，体育旅游产品和工业产品一样，存在一个由盛转衰的生命周期规律，当体育旅游市场上已开发出的产品生命力走向衰退时，就应根据体育旅游市场的需求，结合已有产品反映出的问题，立即更新体育旅游产品，提高市场占有率。

（三）树立综合效益原则

体育旅游产业既是一项经济产业，又是一项文化事业。在大力发展体育旅游业、开发体育旅游产品时，既要注重开发体育旅游产品的经济效益，又要追求一定的文化效益、生态效益和人的发展效益等综合效益。如果在开发新的体育旅游产品时只追求经济效益，全然不顾社会效益、生态环境效益和人的发展效益，这样的体育旅游企业肯定是难以长久发展的。因此，体育旅游企业在开发产品的过程中要树立综合效益目标，尽量减少物质消耗和污染危害。

（四）开发与保护相并重原则

开发与保护相并重原则是指在体育旅游产品开发的过程中，要注重对体育旅游资源和环境的保护，绝不能以牺牲和毁坏体育旅游资源和环境为代价进行开发。体育旅游产品开发依赖体育旅游环境和资源，因此在体育旅游产品开发的过程中，应将体育旅游资源和环境的保护与产品的开发视为同等重要，不应偏废其一，只有这样才能实现体育旅游产品的可持续发展。

三、体育旅游产品开发的程序

从广义而言，体育旅游产品开发既包括新产品的研制，也包括原有产品的改进和换代。体育旅游产品开发是体育旅游企业生存和发展的战略核心之一。体育旅游产品开发和一般的工业产品开发一样，其开发过程极其复杂，从根据社会和消费者需求提出设想到产品正式投放市场，需要经历不同阶段，涉及面广、科学性强、持续时间长，因此必须按照一定的程序开展工作。这些程序必须前后衔接并互相促进，才能使体育旅游产品开发工作协调、顺利地进行。另外，由于体育旅游产品自身的特征及其生产技术的不同特点，特别是选择产品开发方式的不同，新产品开发所经历的阶段和具体内容也不完全一样。一般来说，体育旅游产品开发需要经历以下几个阶段：

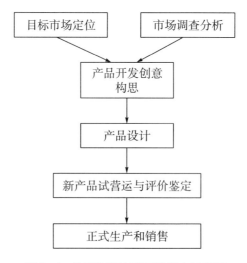

图5-1 体育旅游产品开发程序示意图

（一）目标市场定位与市场调查分析阶段

作为营利性企业，体育旅游企业利润的直接来源主要在于消费者对体育旅游产品的购买。因此，在开发和设计体育旅游产品时，应该明确产品面向的目标市场，并根据这一部分消费者的需求进行开发和设计，从而使体育旅游资源的价值得到最大限度的发挥。

开发体育旅游产品的目的是满足休闲时代社会和消费者的需要。体育旅游消费者的需求是新产品开发决策的主要依据，所以体育旅游企业在开发新产品之前必须认真做好体育旅游市场调查分析。这个阶段的主要任务是充分考察市场，整合体育旅游市场的一系列反馈信息，从而确立市场定位和消费人群，对体育旅游市场需求做出正确判断，进而提出新产品开发设想和总体方案，避免造成盲目开发。体育旅游市场调查的主要任务是有目的、有计划地收集、整理体育旅游市场的信息和资料，了解体育旅游市场的现状及其发展趋势，为体育旅游市场预测和产品营销决策提供客观的、正确的资料。调查的内容主要包括体育旅游市场环境调查、体育旅游市场状况调查、体育旅游产品销售可行性调查、体育旅游人群及消费需求、产品价格、影响产品需求的社会和自然因素、销售渠道等。开展体育旅游市场调查有助于体育旅游企业更好地吸收国内外先进的经验和技术，改进产品的生产技术，提高管理水平，为其开发体育旅游产品提供决策依据。作为体育旅游企业，在开发体育旅游产品之前，对体育旅游资源属性进行定位与分析至关重要，以便为后期体育旅游产品的规划、开发、经营和管理提供科学的依据。一般而言，体育旅游资源属性的分析包括对其资源的特色、价值、功能、数量以及布局等方面的分析。

（二）产品开发创意构思阶段

体育旅游产品的创意对吸引体育旅游者有着重要的作用。体育旅游产品开发中的创意就是指能打破常规，抓住社会的时尚元素或经典文化元素等，以一种新颖的方式将其元素与体育旅游产品融合，使体育旅游者在参与的过程中，能充分彰显自身个性。尤其是在体育旅游业快速发展、行业竞争加剧的背景下，体育旅游企业更需要开发出具有创意、特色鲜明的体育旅游产品，以增强企业竞争力。

体育旅游产品开发是一种创新活动，产品创意是开发体育旅游产品的关键。在这一阶段，体育旅游企业要根据前期调查所掌握的体育旅游市场需求情况以及相关产业的资源条件，充分考虑体育旅游者的使用需求和行业竞争产品的动向，有针对性地提出开发体育旅游产品的设想和构思。

体育旅游企业产品开发创意构思主要源自两个方面：（1）体育旅游消费者。体育旅游企业着手开发新的体育旅游产品时，首先要通过各种渠道掌握不同体育旅游者的需求，了解体育旅游者在使用已有产品过程中的意见和新需求，了解刚涉入体育旅游的消费群体对体育旅游产品最感兴趣的地方，并在此基础上形成新的体育旅游产品开发创意。（2）体育旅游企业员工。体育旅游产品营销人员和技术服务人员因经常接触体育旅游消费者，更加清楚消费者对已有产品的改进意见与需求变化；研发人员具有比较丰富的专业理论和技术知识，要鼓励他们发挥体育旅游创意方面的专长，为体育旅游企业提供新体育旅游产品开发的创意。

体育旅游产品开发创意构思包括三个方面的内容：产品构思、构思筛选和产品概念的形成。

第一，产品构思。产品构思是在体育旅游市场调查和技术分析的基础上，提出新产品的构想或有关产品改良的建议。

第二，构思筛选。并非所有的体育旅游产品构思都能发展成为新产品。有的产品构思本身很好，但与体育旅游企业的发展目标不符合，同时体育旅游企业缺乏相应的资源开发条件与能力；有的体育旅游产品构思可能本身就不切实际，缺乏开发的可能性。因此，必须对体育旅游产品的构思进行筛选。

第三，产品概念的形成。体育旅游产品概念的形成过程实际上就是构思创意与消费者需求相结合的过程。经过筛选后的构思仅仅是设计人员或行业管理者头脑中形成的初步概念，离产品的正式营运还有相当长的距离，还需要形成能够为消费者接受的、具体的产品概念。

（三）产品设计阶段

体育旅游产品设计阶段是体育旅游产品开发的重要阶段，也是体育旅游产品生产工作的开始。

1. 初步设计阶段

这一阶段的主要工作就是编制产品设计任务书，让决策层对任务书提出改进性和推荐性意见。任务书经决策层批准后，即作为新的体育旅游产品技术设计的依据。

2. 产品技术设计阶段

该阶段是新的体育旅游产品的定型阶段。它是在初步设计体育旅游产品的基础上，完成体育旅游产品的技术设计。

3. 工作图设计阶段

工作图设计的目的，是在体育旅游产品的技术设计基础上完成试制以及全部工作图样和设计文件。设计者必须严格遵守有关标准规程和指导性文件的规定，设计绘制各项体育旅游产品工作图。

（四）新产品试营运与评价鉴定阶段

1. 产品试营运阶段

这一阶段的目的是检验体育旅游产品设计质量，特别是体育旅游产品的结构、性能，验证和修正设计，使体育旅游产品设计基本定型。

2. 批量产品试营运阶段

这一阶段的工作重点是判断能否在正常条件下保障体育旅游产品质量且有良好的经济效益。

体育旅游产品试营运后，必须进行鉴定，从质量与经济效益两方面对新的体育旅游产品做出全面评价，然后得出全面定型结论，最后正式投入市场营运。

（五）正式生产和销售阶段

在这个阶段，不仅需要做好生产计划、劳动组织、物资供应、设备管理等一系列工作，还要考虑如何把新的体育旅游产品投入市场，如研究体育旅游产品的促销宣传方式、价格策略、销售渠道和提供服务等方面的问题。新的体育旅游产品的市场开发既是新产品开发过程的终点，又是下一代新产品开发的起点。通过市场开发，可确切地了解所开发的体育旅游产品是否适应市场需要。这一阶段要分析与产品开发有关的市场情报，得到有关潜在市场的数据资料，为体育旅游产品开发决策以及改进下一代体育旅游产品开发提供依据。

四、体育旅游产品开发的种类

根据体育旅游产品的可开发程度，可将体育旅游产品分为以下三类。

（一）升级型体育旅游产品

升级型体育旅游产品是指在原有产品的基础上，为了提高体育旅游产品整体质量而对其辅助性的服务设施做出改进。例如，攀爬类体育旅游项目，企业可开发缆车或观光车代替步行的方式，有效地提高体育旅游产品的整体服务质量。

（二）换代型体育旅游产品

换代型体育旅游产品是指在原有产品的基础上，通过设计和增添新的内容和元素，给予消费者焕然一新的体验。例如，某大型滑雪场为了提高体育旅游者对滑雪这一体育旅游产品的体验，对滑雪场的滑雪道、滑雪板、滑雪橇等基础设施设备进行了升级，并对滑雪线路也进行了重新设计，在每一段雪道周围都布置了不同主题的场景。此外，还举办一些趣味性的体育旅游活动，如邀请著名滑雪运动员进行现场表演和教学，为体育旅游者与明星之间的交流和互动提供桥梁，给体育旅游者以不同的体验。

（三）创新型体育旅游产品

创新型体育旅游产品是指运用全新的科技原理，设计、生产出具有新原理、新技术、新内容等特征的产品。一般而言，创新型体育旅游产品的设计和生产难度较大，它是把最新的科学技术成果转化为生产力，直接体现到体育旅游产品的展现形式上。这中间还要受资金、技术水平、时间等诸方面的限制。换代型体育旅游产品是局部质的变化，而创新型体育旅游产品则是在长期量变的基础上形成的质的飞跃。例如，风筝冲浪就是在冲浪的基础上研发出来的创新型体育旅游产品。

五、体育旅游产品开发的策略

任何一家体育旅游企业，要想适应不断变化发展的市场，并不断满足消费者的消费需求，就需要不断地开发和生产出适应消费者喜好的体育旅游产品。这不仅能促进体育旅游企业自身的发展，还能在一定程度上活跃整个体育旅游市场。从促进体育旅游企业长远发展的角度来看，在体育旅游产品开发的过程中，选择正确的体育旅游产品开发策略尤为重要，因为它直接关系到体育旅游企业自身的经营和发展。实际上，在对体育旅游产品进行开发时，会受到产品与市场、开发目标、开发途径和协调控制等诸多因素的影响。因此，体育旅游企业在选择产品开发策略时应审时度势，根据具体情况选择适合自身实际发展的策略。一般而言，体育旅游企业常用的产品开发策略有以下几种。

（一）远近结合策略

远近结合策略也被称为储备策略，此策略既考虑体育旅游企业短期发展的利益，也考虑其长期发展的利益。它主要着眼于体育旅游企业长久、稳定、持续的发展。采用此种策略，体育旅游企业一般应有四种产品：一是体育旅游企业已生产和销售的体育旅游产品；二是体育旅游企业已研制成功，只待时机适宜即投放市场的产品；三是体育旅游企业正在研究设计的体育旅游产品；四是正处于产品构思创意阶段的体育旅游产品。

（二）特色产品策略

特色产品策略是指体育旅游企业根据体育旅游市场的需求及自身所具有的资源优势，将某一项体育旅游产品的开发视为企业经营的重点，并将该产品的生产和服务做到极致，以经营该产品为主，兼营与之相关的其他体育旅游产品。海南省三亚市的很多体育旅游企业就根据三亚的地理位置优势，生产和经营一些具有特色的水上体育旅游产品，如冲浪、潜水、摩托艇、海底探险等。

（三）高低结合策略

高低结合策略是指体育旅游企业在开发体育旅游产品时，为了提高市场的覆盖率，将高档体育旅游产品的开发与低档体育旅游产品的开发结合在一起，以满足不同层次的消费需求。例如，某些体育旅游企业在开发滑翔伞这一体育旅游产品时，配套开发了攀岩、篮球、足球、露营、潜水等体育旅游产品，很好地满足了不同年龄阶段和不同收入水平消费者的需求，从而提高了企业产品的市场覆盖率。

第六章

体育旅游活动策划

近年来，体育旅游活动产生的价值与影响力逐渐扩大，国家先后颁布了很多相关政策来促进体育旅游活动的推广实施，体育旅游活动逐渐受到重视，并向着多领域的融合不断深入开展，体育旅游活动逐年增多。古人云："凡事预则立，不预则废。"预，就是对未来要做的事情的预测、安排，其中就包含了策划的思想。各地体育旅游开发的案例，或成功，或失败，均说明在开发之前进行科学的策划是至关重要的。

第一节　体育旅游活动策划及方法

一、旅游策划与体育旅游策划

关于旅游策划，李庆雷认为是特定的机构或个人运用独特的方法，对特定环境下旅游产品的生产、营销与交换进行运筹和谋划，形成文案以指导未来的经营与管理活动，获得最佳效益的创造性思维。[①] 周作明认为，旅游策划是面向旅游市场需求，用创造性思维整合旅游资源，以新颖形式拓展旅游市场，实现旅游产业发展的筹划过程。[②] 任津雨认为，旅游策划就是旅游策划者为了实现旅游组织既定的目标而调查旅游市场和旅游环境，进而整合旅游资源，创新旅游设计和旅游方案，使得旅游资源能够与市场紧密结合起来，获得最佳的经济效益、社会效益和

---

① 李庆雷. 旅游策划论 [M]. 天津：南开大学出版社，2009：4.
② 周作明. 旅游策划学新论 [M]. 上海：上海文化出版社，2015：15.

生态效益的运筹过程。[①]

综上所述，旅游策划要通过整合各种旅游资源及各相关要素，对细分的旅游目标市场进行调研，设计出满足旅游市场需求的产品，并对其实施可行性的论证。旅游策划的内容非常丰富，主要包括发展战略策划、形象策划、公关策划、广告策划、产品策划、品牌策划、旅游商品策划、服务策划、节庆活动策划、旅行社策划、饭店策划、景点策划等。[②] 在此基础上，我们认为体育旅游策划是指在细分体育旅游目标市场调研的前提下，为了实现体育旅游组织既定的目标而调查体育旅游市场和体育旅游环境，并运用独特的方法，对特定环境下体育旅游产品的设计、营销与运营过程进行统筹规划，选择和设计适合开展的体育旅游产品，优化整合体育旅游资源，并形成创意性方案以指导体育旅游活动，满足体育旅游者的多样性需求，从而获取最佳效益的创造性思维活动。可见，体育旅游活动策划是一项寻找差异的活动。因此，体育旅游活动策划要结合旅游资源和体育项目，要有创造性的思路和理念。体育旅游活动策划有利于提升体育旅游资源的价值，创造、强化体育旅游地的独特吸引物。体育旅游活动策划应据具体情况而定，也应随实际情况的改变而发生改变。在当前日益激烈的市场竞争环境下，创新体育旅游活动策划，主要是指在创新原则指导下"求新""求异""求奇""求需"。

二、体育旅游活动策划程序

（一）立项

创新构思体育旅游活动项目，通过讨论与推理提出体育旅游活动项

---

① 任津雨. 探析旅游策划中存在的问题及对策 ［J］. 大众文艺，2013，308（2）：260.

② 戴庞海. 旅游策划创新中存在的问题及对策探讨 ［J］. 河南工程学院学报，2009，24（2）：30.

目立项。

（二）调查与可行性分析

在体育旅游活动策划前期须搜集体育旅游市场、体育旅游资源、体育旅游者、体育旅游设施等诸多信息。体育旅游市场调查一般包括需求调查、客源结构调查和行为调查。依据《旅游资源分类、调查与评价》的标准，全面系统地调查、评价体育旅游资源，为体育旅游活动策划提供充分依据。体育旅游者调查主要包括体育旅游者的性别、年龄、职业、目的、个人消费能力等内容。体育旅游设施调查主要包括体育旅游装备、景区交通等内容。

可行性分析是对体育旅游活动项目的合理性、可操作性、可进入性等进行综合分析，在实施体育旅游活动项目前对该项目进行全面论证，为决定体育旅游活动项目是否实施提供科学依据。

体育旅游资源与环境分析就是要了解、熟悉体育旅游活动区域的地形、地貌与气候，调查、评价体育旅游资源的种类、特色、分布，所在地的区位条件、社会环境等。要充分考虑适合不同体育旅游活动开展的季节、气候等情况，例如三亚借助地域与资源优势，在冬季会接待很多为避寒度假而来的全国各地的体育旅游者；哈尔滨有开展冰雪体育旅游的区位优势，冬季亚布力滑雪场会吸引大量体育旅游者前往体验。

体育旅游活动策划者还应考虑体育旅游活动举办地区的社会环境，主要包括体育旅游活动是否需要当地政府及相关部门（如交通、通信、医疗、新闻媒介、环卫、社会治安等）的配合与支持，是否符合当地的相关法律法规，等等。

（三）目标市场定位

所谓目标市场就是客源市场，对体育旅游活动策划而言，体育旅游目标市场需求分析尤为重要，只有把体育旅游目标市场定位与当地体育旅游资源特色相结合，体育旅游企业做出的体育旅游活动才能吸引体育旅游者参与。企业可以通过问卷来调查体育旅游者的运动偏好、体育旅游时间段等内容，以准确把握体育旅游目标市场，做好目标市场的定位工作。

（四）确定活动目的

在调查与可行性分析的基础上才能确定体育旅游活动目的，即体育旅游活动策划需要达到的预期目标。清晰明确的目的是体育旅游活动策划的导向。体育旅游活动的主要目的是强身健体、休闲娱乐，次要目的是培养协同、团结精神以及超越自我、克服困难的精神品质。只有确定了活动的目的，才能做好体育旅游活动的策划。

（五）进行主题设计

主题是体育旅游活动内涵与中心理念的表现，整个体育旅游活动方案依此构建。离开主题，体育旅游活动策划便失去了中心与特色。体育旅游活动主题既要顺应市场需求变化，也要融入地域文化。凭借前期调查与分析，准确定位体育旅游目标市场、体育旅游活动主题及内容。越是新奇独特、文化属性强的体育旅游主题，往往越能吸引体育旅游消费者。因此，在体育旅游活动主题创新过程中，切忌重复雷同和随波逐流，必须强调体育旅游活动的差异性与创新性。总的说来，体育旅游主题的确定需要分析旅游地现有的资源特色、产品与服务质量，挖掘和整理旅游地的历史文化、地理特点以及体育项目开展优势，寻找具有"唯一性"和"特殊性"，可以张扬个性、体现特色的体育旅游主题。例如，"哈尔滨国际冰雪节""郑州国际少林武术节"和云南丽江的"七星杯国际越野挑战赛"等，这些活动的主题一目了然，能够充分体现体育旅游活动的特色。

（六）拟定活动策划方案

确定体育旅游活动主题后，应围绕主题，组合体育旅游资源，拟定体育旅游系列活动方案。组合体育旅游活动项目并非简单的项目组合，而是优化整合利用体育旅游资源，充分利用体育旅游资源设计不同类型的体育旅游活动项目，丰富体育旅游者的体验。例如，在进行瀑布溪降活动时，可利用峡谷溪流的独特优势，组合开发攀岩与岩石跳水等项目。

体育旅游系列活动组合设计要统筹布局，要合理安排时间、空间。体育旅游活动的时间顺序要考虑体育旅游者心理需求特征，以及高潮的自然过渡时序等；空间布局要注意合理划分体育旅游活动点位，标志性体育旅游活动的场所选择及其与其他旅游活动场所要相互呼应，要讲究意境，注意体育旅游人文景观与自然环境的协调统一。

体育旅游活动策划方案制定的主要内容包括以下几项。

（1）活动目的；　　　　　　（2）报名方式与要求；

（3）活动时间与地点；　　　（4）体育旅游活动流程安排；

（5）经费预算；　　　　　　（6）装备要求与安全注意事项等。

在体育旅游项目策划方案初步完成后，要适时地对策划方案进行改进、完善，必要时给予修改，以增强策划方案的可行性与合理性。

三、体育旅游活动策划方法

（一）市场－资源－活动项目法

该体育旅游策划方法是在体育旅游市场需求的基础上，利用体育旅游自然资源与人文资源，准确选择体育旅游目标市场，选择适合该区域开展的体育旅游活动。该方法简单易行，但若体育旅游策划者对体育旅游目标市场需求、体育旅游资源状况的调研分析不到位也会影响体育旅游策划结果。

（二）造势法

造势法就是指利用体育旅游活动亮点打造影响，比如特色体育文化节、国际体育赛事、体育明星影响等，再通过大众媒体传播报道，引起社会大众尤其是体育旅游目标市场消费群体的关注，以此造成对自己有利的声势，达到宣传目的。

（三）头脑风暴法

头脑风暴法又称集体思考法或智力激励法，以集体商讨或会议的形式集思广益，通过参与者共同讨论产生创新想法。体育旅游策划者把在会上生成的想法结合起来，最终做出合理的体育旅游策划方案。

（四）移植法

移植法是把国内外成功的体育旅游活动构思、创意和经验移植到本公司的体育旅游活动策划中，结合本公司的活动主题和实际情况进行加工，形成新的创意。因此，体育旅游企业通常将自己的体育旅游活动策划构思与其他企业成功的体育旅游项目构思进行关联比较，从中发现可借鉴之处，从而提高自己的体育旅游策划水平。

（五）联想法

利用联想思维进行策划的方法，即为联想法。想象力是人类得以进步的重要因素，体育旅游策划的成功与否很大程度上依赖于体育旅游策划者的想象力。要联想出一个好的体育旅游活动创意，体育旅游策划者一方面要具备扎实的专业知识与丰富的体育旅游策划经验，另一方面还应融入自己的想象与创意思维，使之变成有价值的体育旅游策划。

第二节　体育旅游活动策划案例举要

体育旅游活动种类多样、内容丰富，不同的体育旅游活动在策划方案的制定上侧重点不同，具体实施过程也有差异。因此，体育旅游企业需要根据不同类型体育旅游活动的特征，有针对性地制定体育旅游活动策划方案。最为常见的体育旅游活动有节庆型体育旅游活动、户外拓展型体育旅游活动和赛事型体育旅游活动等三种。

一、节庆型体育旅游活动策划

节庆活动，古已有之，它是人类借以传承民族文化、表达情感的一种方式，曾孕育出体育与艺术的雏形，其外延包括各种传统节日、国家法定节日、纪念日等。节庆活动是以特定的主题活动方式，约定俗成、世代相传的一种社会活动，是不同国家、不同民族和地区在长期生产实践活动中产生的一种特定的社会现象，是在特定时期举办的、具有鲜明地方特色和群众基础的大型文化活动。因此，大多数节庆活动都有着丰富的历史和文化背景。中国节庆活动资源丰富，每年中国传统的民族节日和现代节日庆典活动总数很多。传统节庆活动既包括汉族的春节、中秋节、端午节等，也包括各少数民族的特色节日活动。节庆型体育旅游是体育产业资源与旅游业相结合的一种新兴休闲方式，依托民族传统文化、传统节日及传统体育项目资源，以一定体育旅游设施为条件，为体育旅游者提供具有民族文化特色的体育旅游享受。基于此，节庆型体育旅游活动通常是指一些以体育为主题的旅游项目，体育旅游者可以参与或观赏节庆型体育旅游活动。

随着中国社会经济的发展和各地区对当地体育旅游资源的不断挖掘，出现了一批在国内外具有很高知名度的节庆型体育旅游活动，如蒙古族的那达慕大会、彝族的火把节等，诸多体育旅游节庆活动既带动了地区体育旅游业和社会经济的发展，也有利于传统民族文化的继承与发展。

（一）节庆型体育旅游活动的特点

1. 周期性

节庆型体育旅游活动一般依托特定的节日举办，故与节事、时间紧密相关。节日都有其固定时间，通常是一年一次，所以很多节庆型体育旅游活动通常是一年举办一次，也有的是两年或者四年举办一次。它们因节日而兴，又因节日而结束。传统节庆型体育旅游活动，如端午节时的划龙舟大赛等，是这类体育旅游活动的典型。此外，有些节庆活动时间是由其属性决定，一些节庆依托季节性资源（如冰雪节等），还有的是考虑体育旅游活动特点而选择在特别时间举行的节日活动（如自行车节、漂流节等）。可以看出节庆型体育旅游活动具有明显的周期性。

2. 地域性和文化性

节庆型体育旅游活动一般蕴含着浓郁的地方特色，是地方民俗体育文化发展的结晶，其发展依托区域内的自然与人文体育旅游资源，可以说，体育旅游自然与人文资源呈现出的地域性特色是节庆型体育旅游魅力之所在，能否最大限度地展现出其地域性特色是关系节庆型体育旅游活动成败的关键，也是体育旅游活动策划者应首先考虑的问题。国内外大多数节庆型体育旅游活动是在地方社区活动的基础上发展而来的，充分体现了地区、民族独特的文化魅力，只有把独特的、有吸引力的文化元素渗透到体育旅游活动中，才能打造出充满生机和活力的节庆型体育旅游活动。从潍坊风筝节到蒙古那达慕大会，这些活动的举办都能让体育旅游者从中感受到传统文化的气息。

（二）节庆型体育旅游活动策划

1. 设计活动主题

节庆型体育旅游活动策划在设计主题时要充分体现"节庆"特色，需要围绕着某一节庆主题，在特定的节庆时段展开主题突出、特色鲜明的系列活动。没有特色的主题，一切体育旅游活动就如同一盘散沙，如果只是在体育旅游资源的基础上对体育旅游活动项目进行随意的拼凑，既不能集中体现举办地独特的体育旅游资源优势，也不能满足体育旅游者求奇、求新的需求。节庆型体育旅游活动主题有创造性主题和既有性主题，这两类主题的确定都必须和当地的自然、人文、物产、城市形象相适应，唯有如此，才能使节庆型体育旅游活动具有强大的生命力和吸引力。

节庆型体育旅游活动主题一般可以分为以下几类。

（1）依托体育旅游自然景观类。

例如，哈尔滨国际冰雪节、安阳航空运动文化旅游节，等等。

（2）依托体育旅游人文景观类。

例如，嘉峪关国际滑翔节、郑州国际少林武术节，等等。

（3）依托体育民俗文化类。

例如，云南傣族泼水节、潍坊国际风筝节，等等。

2. 融合地域文化

节庆型体育旅游活动策划要充分反映活动举办地独特的魅力和文化内涵，注意活动与地方文化内涵的融合，从而增强体育旅游者的文化体验感。节庆型体育旅游活动策划要融入地域文化元素，另外，还需要和主题策划一起进行构思，每一次节庆型体育旅游活动的策划都应在原来基础上有所创新。例如，潍坊风筝普及于明代，经过几百年的不断发展，形成了写实、自然的特色，分板式、桶式、软翅风筝、硬翅风筝、立体风筝、动态风筝等，花、鸟、虫、鱼、人物、器皿皆可成为风筝外形。潍坊风筝现已和北京风筝、天津风筝、南通风筝齐名，成为我国四大风筝流派之一。1983 年 3 月，在德国莱比锡博览会上，潍坊的龙头蜈蚣和凤凰风筝得到了很高的评价。为了提高潍坊风筝制作和放飞的技艺，活跃文化体育生活，扩大文化娱乐活动的交往，潍坊市从 1984 年开始举办潍坊国际风筝节。

3. 模仿借鉴

节庆型体育旅游活动策划可借鉴或模仿其他国家和地区的节庆名称、形式、内容，以拓宽本地节庆型体育旅游活动的外延。体育旅游活动策划借鉴或模仿需要两地有相似的体育旅游自然资源与人文资源。例如，国内的漂流节、自行车节等都在一定程度上模仿和借鉴了国外漂流节和自行车节的内容和形式。需要特别注意的是，在模仿和借鉴的同时应体现本地的特色。

4. 整合体育旅游资源

节庆型体育旅游活动策划要充分熟悉当地的资源状况，并进一步分析其资源条件是否能支撑节庆型体育旅游活动顺利举行，实现预期目标。在进行体育旅游活动策划时，把当地体育旅游资源与主题相关的所有要素并进行整合，对它们进行分类、分析，选择合适的体育旅游活动，赋予其特殊的"节庆"含义，并采取一定的节庆组织形式，使潜在的节庆型体育旅游资源变为现实的体育旅游活动产品。

二、户外拓展型体育旅游活动策划

"户外运动"一词是从"Outdoor Sports"翻译过来的。在远古时期，由于生产力水平低下，人们为了生存，或翻山越岭捕捉猎物，或攀爬树木采摘果实，或制叉织网下河捕鱼，这是人类户外运动的雏形。真正意义上的现代户外运动始于 19 世纪下半叶。第二次世界大战期间，人类首次将户外登山运动作为一项军事运动训练科目来开展，为了适应战场环境的需要，英国特种作战部队开始引用户外登山运动技术，利用各种自然障碍和绳网技术进行训练，以提高特战队员执行野外作战任务的能力，于是攀岩、速降、拓展训练和露营逐渐有了雏形。"二战"后，户外运动开始从军事活动中分离出来。人们开始大量参加户外运动，阳光、氧气、自然、绿色、健康成为人们选择户外运动作为休闲方式的主要原因。人们寄情于高山、湖泊、草原、峡谷，以摆脱工作和生活带来的巨大压力，纵情山水，开展户外运动体验和体育旅游探险等体育活动。

随着现代户外运动的发展，开始出现了形式多样的户外运动项目，如攀岩、登山、徒步穿越、公开水域游泳、山地自行车、航海、户外拓展、定向越野、沙漠探险、洞穴探险、钓鱼、帆船、漂流等。丰富多彩的户外运动项目以其独特的魅力吸引了众多的体育旅游者参与，并很快风靡英国、美国、法国、韩国、日本等经济发达国家，后又逐渐发展成熟，走向世界。在新西兰、尼泊尔等国，户外运动相关产业已经发展为该国的支柱性产业，为其经济发展做出了巨大贡献。20 世纪 80 年代初，户外运动从欧美发达国家传入中国，当时国内处于改革开放初期，户外运动发展缓慢。后来，随着中国经济的飞速发展，户外运动参与者和爱好者逐年增多，加之人们对体育功能的认识发生了转变，从关注体育的竞技功能逐步转向健身功能，体育活动向着大众休闲娱乐式方向发展。

（一）户外拓展型体育旅游活动的概念与特点

广义的户外运动指在户外开展的所有运动，如游泳、射箭、骑马、各种球类运动。而狭义的户外运动是指在规范的和安全的前提下，在室外以休闲、健身、娱乐为目的，参与者通过亲近大自然，体验休闲运动，达到身心愉悦、挑战自我目的的运动，比如登山、攀岩、漂流、潜水、速降、滑翔、滑雪、露营、探险等活动。

户外拓展型体育旅游则是户外拓展运动与旅游融合而形成的一种参与性强的体育旅游活动。户外拓展型体育旅游活动对自然环境的依赖性强，有些项目具有较强的挑战性和探险性，也有些项目具有参与度高、协作性强以及内涵丰富等特点。与其他体育旅游活动相比，户外拓展型体育旅游表现出人与自然高度融合的特点。

（二）户外拓展型体育旅游活动策划

1. 确定目标人群

体育旅游者的需要就是市场存在的前提。户外拓展型体育旅游活动策划的重要环节之一是进行市场调研，确定目标人群。户外拓展型运动项目不同，需要的运动装备也不尽相同；各类目标群体的需求不同，相应活动的策划侧重点也应有所区别。因此，针对各个细分市场体育旅游者的特征，提供与之适应的个性化体育旅游产品是至关重要的。策划哪一个地方的体育旅游活动，开展哪些户外拓展活动，不能仅考虑户外体育旅游资源本身，还应满足体育旅游者对户外体育旅游产品的多元化需求。体育旅游者中有追求惊险刺激、挑战极限的，也有追求缓解工作压力的，还有所谓的"穷游"背包族。对于这些不同的群体，户外拓展型体育旅游策划者应首先对目标市场进行细分，明确活动开展的目标人群，再根据项目的难易程度、危险程度、刺激程度以及自身规模来确定目标市场，进而进行有针对性的市场开发。

2. 场地选择与安全保障

户外拓展型体育旅游活动大多是在较宽阔的草坪、空地、自然山水、崖壁等环境中开展，体育旅游者与大自然接触较多，因此选择合适的场地尤为重要。选择的原则，一方面要求资源类型适合开展户外拓展型运动，另一方面要注意场地安全。中国境内分布着数量众多的山地、高原，可以开发登山、攀岩、越野生存、山地自行车、徒步越野、滑雪等野外项目；中国境内的河流众多，河流网密集程度较高，河流水域覆盖面积较广，可以开展冲浪、漂流、游泳等户外拓展型体育旅游活动。

户外拓展型体育旅游活动包括一些风险性较高的项目，比如登山、攀岩、滑雪、探险等，这些户外活动都具有一定的挑战性和危险性。加之户外拓展型体育旅游的活动性质决定了其活动过程中会受到种种不可抗拒或无法预料的自然因素的影响，因而在组织实施户外拓展型体育旅游活动时必须把握住各个环节，准备各种行之有效的应急措施和手段以处理突发事件，对行程的各个细节严密分析控制，力求将户外拓展型体育旅游活动的风险控制在最低程度。策划户外拓展型体育旅游活动还应充分考虑参与者的人身安全，以安全第一为宗旨建立和完善安全保障体系及防护措施。此外，要特别注意线路和活动产品的安全性，在户外拓展型体育旅游活动中，要定期对体育旅游的基础设施进行安全检查，提出安全标准。策划户外拓展型体育旅游活动的安全保障手段主要有以下几点：首先，要求户外体育旅游者在活动前要购买保险。任何户外运动都有不确定因素，会存在一定风险，所以出行前必须购买意外伤亡等相关特种保险，这能够给自己和家人一份保障。其次，检查好装备。专业的户外装备对于户外运动十分重要，攀岩、溪降项目的绳索，涉水项目的救生船只或救生衣，徒步项目要求的护踝及鞋底有凹凸纹的防滑鞋、冲锋衣等。除了专业的装备外，标准指南针、GPS、备用干粮、通信工具、绳子、小刀、打火机、强光手电、求生哨、常备药箱等也是保障安全的应急物品。最后，要事先对策划的体育旅游活动路线、地点进行勘察，做好户外拓展型体育旅游活动的组织工作，并制定相关的活动纪律。

3. 制定策划方案

策划方案的制定原则主要是让体育旅游者明白玩什么、能不能玩、如何玩等问题，户外拓展型体育旅游活动方案内容包括活动目的或活动背景、活动时间与地点、参与方式与参与人数、活动形式与具体流程、费用预算等。参与户外拓展型体育旅游活动需要具备良好的体力和专业技术。不同项目对参与者的运动技能、身体与心理素质等方面有着不同的要求，因而要针对不同性别、不同年龄阶段的体育旅游者合理设计户外拓展型运动项目，让体育旅游者理性选择适合自己的户外拓展型体育旅游活动。比如森林穿越活动不但需要充沛的体力，寻找水源、选择帐篷搭建点、躲避危险的能力等也都应该事先培训，要具备相关的专业知识后才能参与，如此才能更好地保障体育旅游者的人身安全。

三、赛事型体育旅游活动策划

体育运动的发展也催生了体育赛事，始于古希腊的奥运会是人类历史上发展规模最大、影响最深远的体育赛事。现代社会体育赛事已发展为体育竞赛表演产业，由体育竞赛表演形成的赛事型体育旅游活动产品带给人们一种全新、时尚的体验。2000 年，中国旅行社组织 1114 名中国体育旅游者分批赴悉尼感受奥运会的魅力，这是中国第一次大规模民间组织的奥运观摩活动，也是国内旅游行业第一次提出"体育旅游"这一概念。举办体育赛事往往能促进当地经济的发展，所以许多大城市将举办大型体育赛事作为城市发展不可多得的机遇——体育赛事是提升城市能级的强力引擎，如凭借举办温网赛事而闻名世界的伦敦西南部小镇温布尔顿、因举办奥运会而一举成为全球知名城市的巴塞罗那、借力东京奥运会登顶 2022 年全球体育城市排行榜的东京等。

体育赛事为举办地引来巨大的人流量，并给当地体育旅游市场带来客源，成为集观赛、观光、休闲、购物为一体的综合性体育旅游活动，这也是体育赛事所产生的附加效应。《国务院关于加快发展旅游业的意见》中提到，要大力推进旅游与体育产业的融合发展，以大型体育赛事为平台，培育新的旅游消费热点。举办大型体育赛事能提升城市形象，形成独特的城市品牌，改善城市整体的设施和环境，对当地经济、文化、社会环境等诸多领域带来有益影响，从而产生显著的社会效益、经济效益和文化效益。

（一）赛事型体育旅游活动的特点

1. 吸引性

赛事型体育旅游突出"体育赛事"这一主题，它具有较强的休闲性和可观赏性，高水平的体育赛事具备愉悦观众的特点，是吸引体育旅游者前往举办地的最重要的因素。国家、城市之间为申办奥运会、世界杯、亚运会等国际大型体育赛事而竞争，当体育旅游者来到体育赛事的举办地时，他们一方面是各项体育赛事的观赏者，甚至是参与者；另一方面又是城市的旅游者、消费者。大型的体育赛事具有强大的市场号召力，在举办地自身旅游资源较为缺乏的情况下，也依然能吸引大量的体育旅游者。例如，很多古老的城市或是欠发达的地区，很可能由于长期观念的束缚和自身的旅游吸引力不足而难以成为假日休闲的热点地区；但是，如果该地区要举办大型体育赛事，会令很多旅游者产生前往该地区旅游的动机，也可以说，他们旅游的目的就是观赏或参与一场大型体育赛事。

2. 周期性

由于大型体育赛事规模大，对技术、基础设施等条件要求极高，经费投入大，大型体育赛事举办地需要长时间进行场馆建设和筹备工作，所以大型体育赛事一般是间隔较长一段时间才举办一次，如奥运会、亚运会、东亚运动会等，它们都是每四年举行一次，具有明显的周期性。

3. 后续效应性

随着体育旅游越来越受到人们的青睐，人们参与体验体育旅游活动的需求日益强烈，而大型体育赛事则是体育旅游业发展最为直接、强劲的拉动力。以 2008 年北京奥运会为例，审计署公布了《北京奥运会财务收支和奥运场馆建设项目跟踪审计结果》（以下简称《结果》），《结果》表明："根据截至 2009 年 3 月 15 日的实际收支数、后续应实现收入和待结算支出的统计结果，北京奥组委收入将达到 205 亿元……收支结余将超过 10 亿元。"纵观历史，大型体育赛事往往都给举办地在建筑、交通、市容环境等方面造成巨大的升级，很多赛事主办地因体育赛事旅游而获得高额经济收入。大型体育赛事不仅为赛事举办城市在赛事期间创造经济效应，还会产生利于举办城市经济发展的后续效应，主要体现为可吸引大批体育旅游者在赛后到举办城市进行体育旅游。对于主办城市而言，成功举办体育赛事后，可根据大量体育旅游者多样性需求，进行一些后续的体育旅游活动策划，以吸引更多体育旅游者。大型体育赛事的影响涉及政治、经济、文化等诸方面，已经远远超出赛事本身，尤其是在诸多媒体的宣传报道下，体育赛事举办地受到世界的关注，可产生很强的辐射影响力。在 1992 年巴塞罗那奥运会之前，巴塞罗那的旅游业表现疲软，但奥运会使巴塞罗那成为旅游胜地，每年约接待 1400 万游客，在奥运会之后的几年，西班牙的旅游业一直势头良好。此外，巴塞罗那奥运会场馆在 1989—2003 年期间举办了 4100 余场活动，累计接待了 1630 万以上的游客。巴塞罗那奥运会对城市经济、建设和政治复兴起到了促进作用。① 巴塞罗那奥运会对巴塞罗那城市发展的影响充分体现了举办体育赛事的后续效应。

（二）赛事型体育旅游活动的分类

体育赛事可以分为观赏型体育赛事和参与型体育赛事。观赏型体育赛事主要为体育旅游者提供高水平的体育竞赛表演，一般竞技水平高，参与竞技比赛人数较少，参与观赏体育赛事的人较多；而参与型体育赛

---

① 戚永翎. 北京奥运会经济遗产及后奥运经济策略研究［M］. 北京：对外经济贸易大学出版社，2007：73－74.

事主要满足人们亲身体验体育赛事的需求，以此达到愉悦身心的目的，如人们亲自参与体验马拉松竞赛等。体育赛事层级低，则参与观赏赛事的人数就会少，反之，体育赛事层级高，参与观赏赛事的人数就会多。① 在赛事型体育旅游活动中，除了参加体育赛事的运动员及其相关工作人员外，其他主要是来观赏比赛的体育旅游者。赛事型体育旅游可以划分成规模型体育旅游赛事、标志型体育旅游赛事、地方型体育旅游赛事及组合型体育旅游赛事。

1. 规模型体育旅游赛事

这类体育旅游赛事具有很强的国际影响力，表现出辐射面广、经济影响巨大等特点。规模型体育赛事多为"观众驱动型"体育赛事，它能以自身的体育文化为独有吸引力，将受众从居住地吸引到赛事举办地。奥运会、世界杯、各类单项体育组织世界锦标赛以及个别影响甚广的洲际单项体育赛事等体育赛事均属此类。

2. 标志型体育旅游赛事

标志型体育旅游赛事指在一地重复举办的体育赛事。主要有各国单项体育项目的职业联赛，以及常年于某地举办的国际或国内体育赛事。享有世界声誉的温布尔登网球锦标赛（简称温网）是一项历史悠久、极具声望的世界性网球公开赛事，由全英俱乐部和英国草地网球协会于1877年创办，是网球四大满贯赛事之一。温网通常在6月或7月举办，该类体育赛事文化已经与举办地深深地交融在一起。

3. 地方型体育旅游赛事

地方型体育旅游赛事即地方性的体育赛事，具有一定的地域限制

---

① 顾兴全. 基于资源观点（RBV）的体育旅游开发研究——以浙江安吉江南天池滑雪旅游开发为例 [J]. 北京体育大学学报，2011，34（3）：44.

性。其影响和规模都与上述两种类型有较大差距。此类赛事多为省级及以下行政区域所举办的赛事，它可能是以观众驱动型为主，也可能是观众驱动和参与驱动的混合体，而基层的社区体育赛事则多为参与驱动型。

4. 组合型体育旅游赛事

组合型体育旅游赛事是指体育赛事与其他旅游资源相融合。主要针对那些体育赛事资源较为丰富，同时又具有优美自然风景和深厚历史文化底蕴的地区。对于体育旅游者而言，前往某地不仅是参与或观赏在当地举办的体育赛事，他们经常还会游览当地优美的自然景观，体会当地浓厚的文化氛围，品尝当地的特色美食。体育旅游者在观赏竞赛的同时还可感受风格各异的自然风景和民族风情，做到体育赛事与旅游活动相结合。

（三）赛事型体育旅游活动策划

1. 确定赛事举办地与活动组织机构

先确定赛事举办地，在举行赛事前，要了解体育赛事的规模、性质、周期，对相关赛事与举办地的适配性作出初步评估。体育赛事举办地的形象背景、文化氛围，能让体育旅游者充分融入赛事型体育旅游活动欢乐、刺激的氛围中，给体育旅游者带来视觉、听觉、触觉的全方位冲击体验。因此，确定比赛举办地就成为策划的第一步。另外，确立活动组织机构是组织赛事型体育旅游的关键。赛事型体育旅游活动举行之前，要明确赛事的主办方与承办方，成立赛事型体育旅游活动的组织机构。

2. 宣传推广

赛事举办地确定之后，要全面了解举办地情况，针对举办地的资源特点，嵌入比赛项目，充分利用体育竞赛、表演活动等进行赛事主体的设计和宣传。赛事型体育旅游者一般来自参赛国或参赛地区，尤其是比较自信可以取得良好成绩的参赛国或参赛地区，也包括一些来自其他国家和地区的体育爱好者。例如，2002年韩日世界杯，中国队首次亮相世界杯，中国又比邻韩国，所以中国球迷是赛前最被看好的体育旅游目标市场之一，为此韩国在赛前做了大量的宣传工作，吸引了大量中国体育旅游者前往韩国观赏世界杯赛事。

赛事型体育旅游活动的推广方式主要有两种：一是政府助力市场推广方式。这种方式可以有效地发挥出政府、市场推广方的资源优势，从而提高市场推广的有效性。政府作为权威机构，其参与推广可增强受众群体的信赖。二是媒体与旅行社相结合的推广方式。这种方式可以帮助体育赛事承办方得到资金和客源支持。常用的媒体有报纸、杂志、广告牌、电视、电台和互联网等。

3. 策划赛事型体育旅游活动内容

为了增强体育赛事的吸引力，赛事型体育旅游活动的策划要确定体育旅游赛事活动所具备的特定文化内涵，开发出的赛事型体育旅游产品要有独特性、唯一性和真实性。赛事型体育旅游活动的开展要合理利用当地的资源，充分展示区域的独特性，以独具创意的设计吸引体育旅游者。例如，1990年北京亚运会推出10项大型旅游活动，成功在比赛期间和赛事前后吸引了大量体育旅游者。2002年韩日世界杯足球赛期间，韩国精心打造了128个文化类旅游活动项目，使前往韩国观看比赛的体育旅游者在观看比赛之余感受到了韩国文化的丰富多彩和"活力韩国"的亲和力，让体育旅游者体验到了韩国的无限风情。[①] 赛事体育旅游活动的内容、接待安排和目标市场都与比赛情况密切相关，因而应根据比赛的性质、参与者的情况和赛程的安排来具体设计，所策划的活动主题

---

① 马宏霞. 浅谈体验经济中的体育旅游定位［J］. 中州大学学报，2008，25（5）：96.

大都以赛事活动为核心，依据体育旅游者观看比赛的具体时间、地点以及体育旅游者国籍、偏好等个体特征来进行选择和组织。

4. 赞助与媒介支持

赛事型体育旅游活动可通过邀请机构或个人来获得赞助经费或物质支持。赞助的对象可以是一场比赛、一个联盟、一个协会，甚至是特定的个人或比赛转播权。最早的体育赞助发生在一百多年前，澳大利亚某公司赞助了第一届澳大利亚英格兰板球巡回赛，净赚了 1.1 万英镑。1999 年全球体育赞助总额为 200 亿美元，2000 年悉尼奥运会共获得了 5.36 亿美元的赞助。① 在重大比赛现场，观众动辄成千上万，媒体受众更是不计其数。即使一些地方性的体育赛事，只要组织得好，观众也会十分活跃，因此非常有利于企业与目标对象进行有效的沟通，达到事半功倍的宣传效果。

现代体育的发展离不开大众传播媒介，体育市场的形成与发展、体育产业的兴起，无不得益于大众传播媒介。体育是人类特有的文化现象，它的参与对象的广泛性，运动项目的惊险性、娱乐性和赛事竞争的激烈性、产业属性及社会影响力，必然会成为大众传播无比生动和丰富多彩的信息源。其中，精彩赛事、运动明星广告、大众健身指南、体育商业信息等的内容直接影响着体育市场。举办地的宣传应该由专门机构负责，要组织宣传举办地的社会经济、历史文化、自然风光等，让体育旅游者全面了解举办地，增强举办地的吸引力。

5. 加强与旅游服务机构合作

与传统的观光旅游相反，赛事型体育活动最大的生命力在于其重复性。最好的景点，旅游者去过一次后，很少重复再去；而赛事型体育旅

---

① 惠民，孔国强，褚跃德. 体育营销的内涵、特征及其影响因素的探讨 [J]. 武汉体育学院学报，2006，40 (11)：40.

游多数可以重复进行，比较典型的如足球迷可以随赛事从国内跟到国外，直至比赛结束。因此，不难看出赛事型体育旅游活动可以充分与旅游服务机构配合，共同建立和完善体育旅游服务体系，建立起一个协调合作的大平台。比如国内已有旅行社推出体育旅游产品，众信旅游、凯撒旅游等常年推出体育旅游和观赛团旅游产品，以及"观赛＋游览"式的"观赛团"套餐。旅行社通过组合套餐制定赛事型体育旅游产品，如将往返机票、酒店住宿、赛事门票、赛事特色演出门票与赛事周边景点门票形成组合套餐。这一套餐给赛事型体育旅游爱好者和旅游观光者提供了个性化和极具性价比的选择，通过实体店与网络营销，利用旅行社的宣传平台，可促进赛事型体育旅游活动的宣传。

第七章

体育旅游导游服务

体育旅游导游负责向体育旅游者提供操作性较强的服务，所以要求其提供服务的内容和操作流程均规范化和标准化。体育旅游导游提供的服务有直接服务和间接服务两种，在体育旅游过程中，体育旅游导游服务行为要参照《导游服务质量》《旅行社国内旅游服务质量要求》执行。

第一节　体育旅游导游概述

从形式上而言，体育旅游是将体育活动与旅游相结合，给体育旅游者以更多的参与感、体验感。然而，旅游与体育分属不同的行政部门管理，体育专业服务人员的从业资格证书由体育行政部门颁发，导游资格证书则由旅游行政部门颁发，仅拥有导游资格证书的导游是不能够直接从事体育旅游活动服务的，目前只有同时具备导游证和体育运动项目资质证的人员，才能从事体育旅游的直接服务工作。

一、体育旅游导游概念

体育旅游导游是受体育旅行社或旅行社委托，按照体育旅游计划组织安排体育旅游行程，并对体育旅游者提供讲解、向导等服务的工作人员。由于某些体育旅游需要体育旅游者亲自参与体验体育旅游活动，体育旅游导游要向体育旅游者讲解、示范专业技术动作，因此对体育旅游导游提出的要求更高。他们不仅要有相关的专业知识和熟练的专业技能，还要有较好的身体素质。在旅行过程中，体育旅游导游要为体育旅游者提供食、住、行等方面的服务，体育旅游者若出现问题，要及时帮他们解决。体育旅游导游还要做好前期的准备工作，包括特效准备、技术指导、安全保障、向导服务等相关内容。可见，作为体育旅游导游必须满足三个条件：一是要受体育旅行社或旅行社委派；二是需要持体育运动项目相关资格证书；三是要具备带领体育旅游者完成体育旅游活动的能力，包括身体素质和知识技能。

二、体育旅游导游基本条件

一名合格的体育旅游导游需要具备的基本能力主要有以下几点：具备良好的沟通能力，能解决旅游途中遇到的问题；拥有相关的体育专业技能，能保障体育旅游活动顺利完成；具有较强的组织、协调、应变能力，能保障体育旅游有序进行；具有丰富的人文与体育知识，能为体育旅游者提供较好的讲解服务。因此，体育旅游导游的素质必须区别于一般的旅游从业人员。换言之，体育旅游导游除了需要具备较高的体育专业技能与业务修养外，还应具备良好的职业道德、心理素质和身体素质。

具有较强的适应能力是体育旅游导游顺利开展工作的重要条件。体育旅游者从常住地到体育旅游目的地的空间移动决定了体育导游工作具有流动性。由于国家或地区之间存在环境、饮食等各方面的差异，所以体育旅游导游要适应地理环境变化，调整时差，克服水土不服和饮食习惯差异，还要适应变化无常的气候。例如，南方的体育旅游导游带团在新疆进行户外探险体育旅游活动时就要调整时差，适应"早穿棉袄午穿纱"的气温变化，以及当地以牛羊肉为主的饮食习惯，克服因体育旅游活动引起的身体不适。

体育旅游导游在带团时因活动专业性非常强，除一般导游的基本条件和旅游专业知识外，还必须具备相应的体育专项技术能力，并且要熟悉体育旅游活动的特点，这样才能更好地组织好体育旅游活动。此外，体育旅游导游要能有效判断体育旅游者的实际运动能力，并以此为依据，为体育旅游者选择适宜的体育旅游活动项目，合理安排其体育旅游活动的运动量以及健康的饮食。体育旅游导游还必须掌握野外生存与自救的方法，还要具备摄影、驾驶、烹饪等其他技能，如此才能胜任体育旅游导游工作。

体育旅游不同于常规观光旅游，而体育旅游线路的安排需以一定时间内完成所选定的体育旅游活动项目为目标，有时难免受到外界环境的影响。在此过程中它又具有较大的灵活性，特别是对于探险寻秘型的户外体育旅游，许多是一般旅游者未曾涉足过的地方，体育旅游导游可以从中发现新的体育旅游资源，为开拓新的市场提供信息，从而开发新的体育旅游活动方式。

三、体育旅游导游服务的基本特点

改革开放以来，中国旅游业发展迅猛，一般的观光旅游活动已经不能满足人们多元的需求。随着国民生活水平的提高，老百姓在追求生活质量的同时，更多关注自己的身心健康，因此越来越多的人逐渐接受并参与户外体育旅游活动。对处在体育旅游活动接待第一线的导游来说，这既是机遇，也是挑战。因为它对体育旅游导游服务提出了更多、更高的要求，这也使体育旅游导游的工作除具备一般导游服务工作的共同特征外，还有其自身的属性。

（一）独立性强

体育旅游导游需要具备独立分析和解决问题的能力，组织协调能力和创新精神是决定其能否为体育旅游者提供安全、高质量的体育旅游活动服务的重要因素之一。

体育旅游导游必须要根据体育旅游计划带领团队参观游览体育人文景点，针对不同文化层次和审美情趣的体育旅游者进行讲解；还要完成体育旅游活动，关照和最大限度地满足体育旅游者吃、住、行、游、购、娱等方面的需求。体育旅游导游要协调各相关部门，要组织和控制好团队，树立其在体育旅游活动中的主导地位。体育旅游导游还需组织、指导、帮助体育旅游者进行各项体育旅游活动。对于体育旅游过程中遇到的各种困难、发生的各种变故，都需要体育旅游导游果断地做出正确的判断，并且沉着冷静、及时正确地处理这些问题。这种能力对体育旅游导游在野外带团非常重要。尤其是在极限型体育旅游运动过程中，如遇气候变化，团队在野外通信中断，无法同体育旅行社取得联系时，就需要体育旅游导游正确、果断地判断气候变化情况及可能持续的时间，以及团队的物资储备状态，对接下来可能出现的问题做出预判并组织成员做好必要的应对措施，保护团队成员的人身安全。

（二）具有风险性

多数的体育旅游活动是以依托自然旅游资源为主的户外运动，户外运动的特点体现为挑战性与刺激性，无论是何种类型的户外体育旅游活动，都存在一定程度的危险。莽莽原始森林、茫茫戈壁沙漠，这些独特的自然资源既能开发出丰富有趣的体育旅游项目，满足体育旅游者求新、求险、求奇、求知、求乐的需求，又隐藏着许多未知的危险。因此，体育旅游导游服务工作也相应地存在着不同程度的风险性。

（三）专向性

体育旅游活动的体育属性要求体育旅游导游要掌握体育旅游专业知识、体育运动技能与技巧，以有效组织和指导体育旅游者进行体育旅游活动。此外，体育旅游导游工作内容涉及面广、工作量大、流动性强，通常面临着"体育旅游者游览你讲解、体育旅游者用餐你服务、体育旅游者登山你陪同、体育旅游者休息你准备"的情况。特别是徒步远足体育旅游、登山体育旅游等高强度的体育旅游项目，对体育旅游导游的体力和脑力消耗都很大，对体能要求更高，往往一次体育旅游导游服务工作后需休息多日才能恢复体能。因此，体育旅游导游还需要具备较好的体能。

四、体育旅游导游充当的角色

只要受到旅行社委派带队出行，体育旅游导游即同旅行社和参与者形成了契约关系，体育旅游导游就要为体育旅游者提供相关体育旅游服务，帮助体育旅游者处理其在整个体育旅游活动中的相关事务。体育旅游导游在体育旅游过程中兼具多重角色，即安全保卫者、体育旅游活动护航者、生态环境保护者，等等。

（一）安全保卫者

在整个体育旅游活动过程中，安全应被放在首要位置。因为大自然中的气候、环境等因素具有不可预测性，需要体育旅游导游与体育旅游团队中所有成员和谐相处，在遇到突发事件时，体育旅游导游要充分发挥组织、领导和协调的作用，确保体育旅游者人身安全。为确保体育旅游者的人身安全，体育旅游导游在带团前、带团中应做好以下工作。

1. 安全预测

提前了解旅游目的地及沿线地区的自然环境，查看近期天气预报，提前备好体育旅游活动所需的物资。

2. 提高时间管理能力

户外体育旅游活动的时间管理非常重要，特别是徒步等活动，体育旅游导游要做好时间规划，并告知成员按照规定时间到达指定位置，避免迷路和拖延时间，以免带来不必要的麻烦。

3. 按既定的体育旅游线路出行

要按照计划好的体育旅游线路行走，不要随便更改线路，以免迷路或出现新的不可预知的困难与风险。

4. 提前做好详细的应急预案

应急预案是体育旅游者生命安全的保障，在体育旅游活动之前应预测整个体育旅游活动过程中可能出现的各种危险，并制定好应急措施，如此才能在险情发生时及时规避风险，保护参与者。

5. 充当心理医生的角色

体育旅游导游有时还要充当心理医生的角色，及时帮助队员调整心理状态，以完成既定任务。由于有的体育旅游活动难度大、危险性高，加之过程中潜在的风险等种种因素，体育旅游者可能会产生畏惧心理，甚至产生放弃的想法，这些都会影响活动的进行。体育旅游导游要时刻关注体育旅游者的情绪，必要时应对其进行积极的心理疏导，引导其调整心理状态，给予其关怀与鼓励。

（二）体育旅游活动护航者

在整个体育旅游活动中仅仅做到确保体育旅游者的安全是不够的，体育旅游导游还需竭尽全力帮助体育旅游者在体育旅游活动中获取最佳体验。为此，体育旅游导游应做好如下工作。

1. 共享体育旅游经验

在体育旅游活动过程中，一般会遇到一些奇异的地质地貌、植被、虫鱼鸟兽等，体育旅游导游要与体育旅游者分享自己的这些经历及体验。这会在一定程度上增长体育旅游者的见识，有效地激发体育旅游者的兴趣。体育旅游导游还可以鼓励体育旅游者之间相互分享自己的知识和经验，形成良好的互动，产生共鸣。

2. 建立良好的人际关系

作为体育旅游导游，可以利用核心向导身份优势引导体育旅游团队成员之间融洽相处，营造和谐气氛，建立共同目标，共同克服困难、迎接挑战。体育旅游导游应多关心、帮助和鼓励体育旅游团队成员，这有利于体育旅游团队成员之间的团结。

3. 营造快乐氛围及审美体验

体育旅游导游要让参与者在户外运动中体验到参与的乐趣，同时在集体体育旅游活动中彼此交流和学习经验及方法，共同分享在户外运动中出现的趣事，从而形成一种快乐的氛围，使体育旅游者在此氛围中感受生活、热爱生活，领悟大自然的魅力，从中获得审美体验。

4. 传授生存技能及应急自救知识

体育旅游导游要让体育旅游者在户外体育旅游活动过程中学会一些生存技能，掌握在特殊环境下就地取材、获取生存所需的食物或辅助工具等的知识与技巧，使体育旅游者在遇到突发事件和困难时，能够实施有效的应急和自救行为。

（三）生态环境保护者

环境污染问题是当代社会最严峻的问题之一。体育旅游导游在带队享受大自然之美的同时，应该承担起保护自然环境的责任。开展体育旅游活动前要提前做好计划，妥善处理垃圾，保持自然原貌，野外合理用火，保护野生动物，尊重当地民风民俗。

1. 提前做好计划

无论是普通的观光旅游还是任何户外体育旅游，体育旅游导游都需提前做好详细的计划，熟悉当地环保法律，根据参与体育旅游的人数、行程时间和路程等实际情况准备野外活动所需食物，并对食物进行简单处理，使用环保型工具，尽可能减少垃圾的产生。

2. 妥善处理垃圾

在户外展开体育旅游活动时，体育旅游导游要引导大家对产生的生活垃圾进行及时处理，按照垃圾分类方法进行分类，能够分解的垃圾采取填埋、焚烧的方法，不能分解的垃圾则应该带走。例如，湿垃圾一般是可以在几天或十几天内进行分解的有机垃圾，大多以食物为主，可以就地填埋；干垃圾是不会腐烂的垃圾，成分较为复杂，包括玻璃、食物罐头、包装袋、金属、电池等，可以将其集中起来一并带走。

3. 保持自然原貌

要树立生态旅游观念，要带领体育旅游者尽可能地选择在对环境破坏小的区域露营，并选择穿重量轻、鞋底较平较软的鞋子，以减少踩踏对土地和植物造成的伤害。在进行体育旅游活动时，体育旅游导游要规范体育旅游者的行为。在建设营地时，要最大限度的保护自然原貌，不能随意挖沟排渠影响溪水河流的畅通，离开时要最大限度地将营地恢复原貌，为后来的体育旅游者提供便利。

4. 野外合理用火

体育旅游者如果在野外操作用火不正确，易引发森林火灾，可能会造成不可估量的损失。因此，体育旅游导游应指导体育旅游者在野外开展体育旅游活动时尽量避免使用明火，在户外营地进行生火做饭时，做好防范措施；为避免体育旅游者在睡觉期间生火取暖，应要求其带足御寒衣服和睡袋；千万不要在一些禁止生火的森林区域生火，也不要选择在禁止生火的区域露营。

5. 保护野生动物

保护野生动物是人类共同的责任，体育旅游者在进行户外体育旅游活动时，要与野生动物和谐共处，不破坏野生动物的栖息地，也不能伤害更不能猎杀野生动物。体育旅游导游要确保体育旅游者保护野生动物的生存环境，保护水资源，建议体育旅游者在水源地取水时尽可能地使用可携带、可折叠的水袋装水。

6. 尊重当地民风民俗

在开展户外体育旅游活动前，体育旅游导游应详细了解当地的风俗习惯，并劝导体育旅游者尊重当地的民风民俗，尊重当地居民的生活习惯。开展活动时，把音量降到最低，尽量不要对附近的居民造成干扰。

总之，尊重自然、爱护自然、保持自然生态的平衡，这是体育旅游者义不容辞的责任。不管是在城市还是在户外山地，体育旅游者应通过良好的行动来传播正确的环保理念。体育旅游过程中除了自己的脚印，什么也不要留下；除了照片和新鲜空气，什么也不要带走。环保是全世界都应该积极倡导和践行的行动，体育旅游导游更要以身作则，把环保的理念传达给每个体育旅游活动的参与者。

第二节　体育旅游导游服务规程

一、体育旅游导游的权利和义务

（一）体育旅游导游有权调整行程计划和团队人员

在团队出发前，体育旅游导游要做好详细的准备，包括要求体育旅游者充分准备好自己的装备，针对特殊体育旅游项目控制总人数，并根据体育旅游行程计划确定男女比例。在体育旅游行程中，若体育旅游者出现身体不适，体育导游可以根据情况劝其退出体育旅游活动。体育旅游导游可根据天气等自然环境的变化及团队成员的身体、精神状态，实时调整体育旅游行程计划，若遭遇恶劣天气，为确保体育旅游者人身安全，体育旅游导游可暂停体育旅游活动。

（二）体育旅游导游有义务保障体育旅游者的安全

体育旅游者的安全保障最为重要，因此体育旅游导游必须在出发前制定好安全预案，对于较有难度的体育旅游项目，要将预案提前告知体育旅游者，并详细讲解有关体育旅游项目的操作流程和注意事项，若体育旅游者身体条件不适合参与难度较大的体育旅游项目，应建议其选择其他体育旅游项目。在体育旅游活动前，体育旅游导游要将体育旅游活动的时间、地点、路线、难易程度和所需装备告知体育旅游者，便于体育旅游者做好充分准备。

二、体育旅游导游的准备工作

好的计划是成功的一半，制定科学周密的体育旅游计划有助于提高体育旅游活动质量。因此，提前制定体育旅游活动计划（包括安全预案）是体育旅游导游的重要工作。一名优秀的体育旅游导游必须仔细研究体育旅游行程计划，并做好充分准备。体育旅游准备工作包括分析体育旅游者基本情况、了解体育旅游活动目的、熟悉体育旅游活动目的地情况、熟悉体育旅游活动行程计划、准备体育旅游团出行物资等。

（一）分析体育旅游者基本情况

体育旅游者基本情况关乎体育旅游活动能否安全、顺利开展。比如，高海拔的攀登活动不适合体力较差的体育旅游者，参加水上活动的体育旅游者一定要会游泳等。这些体育旅游者的基本情况都需要体育旅游导游事先了解清楚，要准确判断哪些体育旅游者能或不能参与哪些类型的体育旅游项目，以免出现不必要的麻烦。

体育旅游导游还可以从体育旅游者参与项目的技术水平及目标来分析体育旅游者。每位体育旅游者在参加体育旅游活动时都有自己的目标，一个从未攀过岩的人，其目标很有可能是体验攀岩所带来的刺激；而具有攀岩经历的人关注的是攀岩的难度，以及与之相匹配的技术。如果体育旅游者个人技能的水平远远超出体育旅游活动本身设置的难度系数，他也无法获得最佳体验感。总之，只有当体育旅游活动的挑战性与个人技能水平相称时，个人才能体验到畅爽的感觉。针对不同的体育旅游者的技术水平及体能，体育旅游导游要安排与之匹配的难度，这样才能更好地为体育旅游者提供优质的服务。

（二）了解体育旅游活动目的

了解体育旅游活动目的，有助于体育旅游导游合理安排体育旅游活动。因为只有围绕体育旅游目的才能实施相应的体育旅游活动计划，才能合理安排体育旅游活动的内容，才可以保障体育旅游活动行程的质量。

（三）熟悉体育旅游活动目的地情况

熟悉体育旅游目的地情况是保障体育旅游活动计划顺利完成的关键环节，其中，掌握体育旅游目的地背景资料、准入的合法性、体育旅游线路状况、体育旅游目的地气候情况非常重要。

1. 体育旅游目的地背景资料

（1）准备体育旅游目的地资料和地图。

（2）与体育旅游目的地的相关人士取得联系，以获取有用信息，如旅游目的地的气候情况、山体情况、潮汐变化、是否需要许可证等。

2. 准入的合法性

（1）是否需要相关证件（如登山证），是否需要到当地部门报备情况。

（2）所去的区域是否是保护区、军事禁区、宗教区域等。

（3）队伍的人员规模有无限制。

3. 体育旅游线路状况

（1）活动线路的难度。

（2）活动线路的长度。

（3）活动线路的走向。

（4）活动线路的位置、车辆的通过性、人员的可进入性。

（5）活动所需时间。

（6）线路途中是否有水源，以及水源的准确位置。

（7）危险分析与识别。

另外还要了解的情况包括地形方面，如陡坡、山崖、河流、砂石地、沙漠等；动物方面，如有无野兽或是食肉动物等。

4. 体育旅游目的地气候情况

（1）活动地区的白昼时间，日出、日落、气温等因素。

（2）季节情况，如雨季、冬季等情况。

（3）活动区域的海拔变化情况。

（四）熟悉体育旅游活动行程计划

体育旅游导游要熟悉体育旅游活动行程计划，了解每天食、住、行、游、购、娱的具体安排，对每个环节的细节了如指掌，全程把控，力求为体育旅游者提供至臻至善的体育旅游导游服务。

（五）准备体育旅游团出行物资

对照检查表及计划，做好体育旅游团队出行前的物资准备工作：准备各种文件资料；若需露营准备好食材、帐篷和睡袋；准备好衣服、帽子、对讲机、相机、饮用水、活动道具等物品。

三、体育旅游导游的接待工作

接待工作是整个体育旅游导游服务工作的核心环节，在前期充分的准备工作基础上，体育旅游导游应践行体育旅游导游服务的宗旨，即通过自身的专业知识及职业素养对体育旅游者进行指导与服务，助其安全、顺利地完成体育旅游活动项目，并最大限度地获得良好的体育旅游体验。前文论述已涉及体育旅游服务的基本条件、职责等，这里主要介绍体育旅游接待工作中有效的团队沟通和活动风险判断与决策。

（一）有效的团队沟通

体育旅游活动中，体育旅游导游和体育旅游者之间的有效沟通有利于信息传递和反馈。沟通能力是体育旅游导游最为基本的能力，体育旅游导游的沟通能力直接影响着团队成员之间的关系。沟通的基础是对体育旅游者的尊重。体育旅游导游要有包容之心和幽默感，始终保持与体育旅游者进行合理有效的沟通，以达到情感交流、建立良好的人际关系，从而在矛盾发生时能够很好地控制和解决矛盾。

与体育旅游者沟通应当注意以下几点：

（1）了解体育旅游者基本信息。

（2）以合理方式适时传递体育旅游活动信息。

（3）确认各种信息。

（4）注意与体育旅游者沟通的态度与交流方式。

（5）学会倾听。

（6）即时向体育旅游者反馈信息。

（二）活动风险判断与决策

风险性是体育旅游活动所固有的特性，因此需要体育旅游导游有很强的风险判断以及解决问题的能力。体育旅游导游做出正确决策的前提是进行准确的判断，判断时首先要进行现状分析并得出结论，进而做出有效的决策。决策的过程包括以下几个方面。

1. 分析问题

冷静地面对所发生的一切，分析问题产生的原因，寻找解决思路，构思行动方案。

2. 确定目标

明确问题中各要素相互间的关系，确定需要达到的目标。

3. 评估、选择方案

在决策过程中尽可能地收集有用信息，通过全方位思考、对比，对决策方案的可行性、有效性及其结果进行评估，确立最终方案。

4. 实施

在实施的过程中，要根据新的因素做进一步的判断，及时调整甚至改变决策。

四、体育旅游活动结束后的工作

（一）结账

体育旅游活动结束后，体育旅游导游应该按体育旅行社的规定填写有关报账单据，粘贴好各种票据，由有关人员审核签字后到财务部门结清账目，同时将所借物品及时归还体育旅行社。

（二）处理遗留问题

体育旅游活动结束后，若有体育旅游者因身体不适或伤病而未能参与活动，体育旅游导游要将详细情况形成书面报告，上交给体育旅行社，并协助体育旅行社处理好体育旅游者住院、就医等事宜。体育旅游导游若接受体育旅游者委托办理个人事务，应上报体育旅行社，在体育旅行社的安排下进行相关工作。

（三）总结工作

总结工作对于体育旅游活动质量的提升具有重要意义。每一次体育旅游活动结束后，按照体育旅行社的要求，体育旅游导游要实事求是地对活动情况进行总结汇报，尤其要针对体育旅游出行的问题加以分析、总结，从中发现体育旅游接待工作的不足，不断改进，以提高接待水平。

第八章

体育旅游安全

近年来，体育旅游在中国作为一个新兴的行业得以迅速发展，体育旅游参与者也在逐年增加，体育旅游逐渐成为备受瞩目的社会文化活动。体育旅游以其运动速度、力量、柔韧、惊险、刺激等特性来吸引体育旅游者，使体育旅游者在休闲、娱乐以及刺激中获得欢乐与享受。目前，体育旅游在中国的发展还处于初级阶段，与欧美等发达国家的体育旅游业仍有较大差距。尽管如此，体育旅游仍然受到了很多中国体育旅游爱好者的青睐。但由于一些体育旅游从业者或体育旅游参与者忽视安全问题，使得原本的快乐之旅变成了伤心或悲剧之行。万分之一的缺失，就有可能导致百分之百的失败。因此，必须高度重视体育旅游活动的安全问题，最大限度地避免、防范和减少安全事故的发生。

第一节　体育旅游安全概述

体育旅游业快速发展的同时，体育旅游安全问题也逐渐凸显出来。安全问题的存在既损害了体育旅游目的地的形象，给体育旅游者心头蒙上阴影，也给体育旅游管理者提出了更高的要求。体育旅游参与者的人身安全必须放在体育旅游活动的首要位置，人员安全是体育旅游活动得以顺利开展的基本前提。

一、体育旅游安全定义

在古代汉语中，"安"字在许多场合下表达着现代汉语中"安全"

的意义。例如《周易·系辞下》写道："是故君子安而不忘危，存而不忘亡，治而不忘乱，是以身安而国家可保也。"这里的"安"与"危"是相对的，"危"表达了在现代汉语中"危险"意义，"安"所表达的则是"安全"的概念。《现代汉语词典》（第7版）对"安"字的第4个释义是"平安；安全（跟'危'相对）"，并举出"公安""治安""转危为安"作为例词。对"安全"的解释是："没有危险；平安。"

体育旅游安全就是指避免体育旅游系统中各相关主体受到损害。体育旅游相关主体主要包括体育旅游过程中所涉及的人、物、环境等。体育旅游安全管理就是通过有效措施管控体育旅游活动过程中可能会出现的安全问题，以此避免体育旅游者人和物品的伤害与损失。

二、体育旅游安全属性

体育旅游安全属性主要包括空间属性、时间属性和活动属性。

（一）空间属性

体育旅游安全问题的发生与体育旅游目的地、场所及设施都有密切关系，也就是说体育旅游安全事故必定在某一特定空间发生，所以体育旅游安全问题的发生具有空间属性。

（二）时间属性

体育旅游的安全与体育旅游时间存在密切联系，如因自然季节、体育旅游淡旺季、昼夜、旅行时间长短等的差异，可能会导致不同类型、不同程度的体育旅游安全问题。可以说，体育旅游活动的安全受制于时间的变化，体育旅游安全表现出明显的时间属性。

（三）活动属性

体育旅游作为一种特殊的健身运动方式，其活动大多以参与某种运动项目的形式来体现，而运动量大小与安全风险高低取决于体育旅游者身体状态与所参与体育旅游项目的特性，所以安全问题的发生与体育旅游项目的活动属性有直接关系。

第二节　体育旅游安全管控

体育旅游安全管控是体育旅游活动得以顺利完成的关键环节。体育旅游安全问题的破坏性、危险性及其给体育旅游行业所带来的负面影响，使得体育旅游安全管控显得尤为重要。体育旅游安全管控任务既包括梳理制约体育旅游安全的条件，分析体育旅游安全问题发生的内因和外因，提供解决体育旅游安全问题的方法，研究行之有效的体育旅游安全防范措施，确定科学安全的管控对策；同时，还应该借鉴国外的经验，建立和优化体育旅游安全管控模式。

一、体育旅游安全管控概述

体育旅游安全管控是指为了使体育旅游活动顺利完成而在活动全过程中对所涉及的安全问题实施有意识、有计划的各种安全教育、防范、控制与管理。体育旅游安全管控的内容包括安全教育与宣传，安全管理政策、法规、条例的制定与实施，以及安全防控、管理措施的制定和安全保障体系的构建与运作。

体育旅游安全管控涉及宏观与微观两个层面，宏观层面主要指国家对行业安全管理政策、法规的制定与管控，微观层面主要指体育旅游企业与体育旅游者安全管控。体育旅游安全贯穿于体育旅游活动的各个环节，包括体育旅游者人身安全、住宿安全、交通安全、游览安全、购物安全、娱乐安全、体育旅游活动项目安全。

体育旅游安全包括体育旅游主体安全、体育旅游介体安全和体育旅游客体安全。体育旅游主体安全即体育旅游者人身安全，体育旅游介体安全集中表现为交通安全和从业者安全，体育旅游客体安全即体育旅游资源、环境安全。

（一）体育旅游安全事故因素

体育旅游丰富了百姓的休闲生活，体育旅游活动一方面带给人快乐放松，另一方面，在其过程中又隐含着各种各样的不安全因素。体育旅游安全事故一旦发生，就可能对参与体育旅游的旅游者造成致命的伤害。因此，有必要分析、总结可能造成体育旅游安全事故的因素，为制定科学有效的管控措施奠定基础。

1. 自然因素

体育旅游过程中，突然发生降温、暴雨天气，爆发台风、海啸、地震、泥石流、雪崩、洪水等自然灾害，体育旅游者碰到毒性植物，遭遇蛇、熊、狼等野生动物侵袭……这些都可能给体育旅游者带来危险。由于体育旅游者对体育旅游目的地环境不熟而迷路也是导致体育旅游安全事故的主要原因之一。

2. 人为因素

体育旅游安全事故的人为因素主要包括以下四个方面：其一，体育旅游目的地方面。体育旅游者可能会遭遇体育旅游目的地的政治动乱、爆发战争或者流行性疾病等。其二，体育旅游者方面。体育旅游者缺乏安全意识，户外运动经验与专业知识不足，活动准备不充分，与体育旅游目的地信息不对称，突发事件下缺乏自救能力，这些都成为体育旅游者潜在的安全风险。此外，体育旅游者由于盲目自信等心理原因导致误判或忽略旅游活动项目的风险，或身体素质差而从事与之不相适的体育旅游活动，这些问题都可能酿成致命伤害。其三，装备因素。装备问题往往会造成一些体育旅游活动安全事故。包括运动装备数量不足、运动装备安装错误、装备质量有问题，等等。其四，组织管理因素。体育旅游组织管理体系不完善，体育旅游导游以及领队没有相应资质，体育旅游活动组织不规范等问题，也可能导致安全事故。当前有一些体育旅游团队常常是自发的，组织结构松散，与专业化组织存在较大差距，缺乏完备的体育旅游活动计划及应急预案，因而在遇到突发事件时难以处理。

（二）体育旅游突发事件分类、等级划分及处置

为了快速、有效地处置体育旅游者在体育旅游过程中所遇到的各种体育旅游安全事故，保护体育旅游者的生命财产安全，参照国家旅游局颁布的第41号令《旅游安全管理办法》和《突发公共卫生事件应急条例》等安全管理规定，依据《体育总局关于进一步加强户外运动项目赛事活动监督管理的通知》《国家体育总局关于做好经营高危险性体育项目管理工作的通知》等文件，我们详细梳理体育旅游突发事件分类、等级划分及处置。

1. 体育旅游突发事件分类

体育旅游突发事件包括自然灾害、事故灾难、公共卫生事件、社会安全事件等。

（1）自然灾害。

主要包括水旱灾害、气象灾害、地震灾害、地质灾害、海洋灾害、生物灾害和森林草原火灾等。

（2）事故灾难。

主要包括工矿商贸等企业的各类安全事故、交通运输事故、公共设施和设备事故、环境污染和生态破坏事件等。

（3）公共卫生事件。

主要包括传染病疫情、群体性不明原因疾病、食品安全和职业危害、动物疫情，以及其他严重影响公众健康和生命安全的事件。

（4）社会安全事件。

主要包括恐怖袭击事件、经济安全事件和涉外突发事件等。

2. 体育旅游突发事件等级划分及处置

国家旅游局第41号令《旅游安全管理办法》自2016年12月1日起施行，参照该规定，可将各类旅游突发事件按照其性质、严重程度、可控性以及造成或者可能造成的影响分为特别重大体育旅游突发事件、重大体育旅游突发事件、较大体育旅游突发事件、一般体育旅游突发事件四级。

（1）特别重大体育旅游突发事件。

造成或者可能造成人员死亡（含失踪）30人以上或者重伤100人以上；体育旅游者500人以上滞留超过24小时，并对当地生产生活秩序造成严重影响；其他在境内外产生特别重大影响，并对体育旅游者人身、财产安全造成特别重大威胁的事件。

（2）重大体育旅游突发事件。

造成或者可能造成人员死亡（含失踪）10人以上、30人以下或者重伤50人以上、100人以下；体育旅游者200人以上、500人以下滞留超过24小时，对当地生产生活秩序造成较严重影响；其他在境内外产生重大影响，并对体育旅游者人身、财产安全造成重大威胁的事件。

（3）较大体育旅游突发事件。

造成或者可能造成人员死亡（含失踪）3人以上、10人以下或者重伤10人以上、50人以下；体育旅游者50人以上、200人以下滞留超过24小时，并对当地生产生活秩序造成较大影响；其他在境内外产生较大影响，并对体育旅游者人身、财产安全造成较大威胁的事件。

（4）一般体育旅游突发事件。

造成或者可能造成人员死亡（含失踪）3人以下或者重伤10人以下；体育旅游者50人以下滞留超过24小时，并对当地生产生活秩序造成一定影响；其他在境内外产生一定影响，并对体育旅游者人身、财产安全造成一定威胁的事件。

体育旅游经营管理者应当依法制定体育旅游突发事件应急预案，与所在地县级以上地方人民政府及其相关部门的应急预案相衔接，并定期组织演练。

当体育旅游突发事件发生后，体育旅游经营者及其现场人员应当采取合理、必要的措施救助受害体育旅游者，控制事态发展，防止损害扩大。体育旅游经营管理者应当按照履行统一领导职责或者组织处置突发事件的人民政府的要求，配合其采取应急处置措施，并参加所在地人民政府组织的应急救援和善后处置工作。体育旅游经营管理者的现场人员应当立即向本单位负责人报告，单位负责人接到报告后，应当于1小时内向发生地县级体育旅游主管部门、安全生产监督管理部门和负有安全生产监督管理职责的其他相关部门报告；体育旅游经营者负责人应当同时向单位所在地县级以上地方体育旅游主管部门报告。

情况紧急或者发生重大、特别重大体育旅游突发事件时，现场有关人员可直接向发生地、体育旅游经营者所在地县级以上体育旅游主管部门、安全生产监督管理部门和负有安全生产监督管理职责的其他相关部门报告。

体育旅游突发事件发生在境外的，体育旅游团队的领队应当立即向当地警方、中国驻当地使领馆或者政府派出机构，以及体育旅游经营者负责人报告。体育旅游经营者负责人应当在接到领队报告后1小时内向单位所在地县级以上地方体育旅游主管部门报告。①

（三）体育旅游安全特征

体育旅游安全的显著特征主要表现为广泛性、负面影响严重、复杂性和突发性。

---

① 国家旅游局第41号令：《旅游安全管理办法》，中华人民共和国中央人民政府网。

1. 广泛性

体育旅游安全问题广泛地存在于体育旅游活动的各个环节，各类型的体育旅游活动都可能面临安全问题；体育旅游安全管理与体育旅游目的地、体育旅游从业人员、体育旅游者、体育旅游管理部门相互都有关联。此外，它还涉及社会各相关安全管理部门。因此，构建由社会各部门参与的社会联动体系是体育旅游安全管理重要而有效的举措。

2. 负面影响严重

体育旅游安全问题常常会带来非常严重的负面影响，甚至可能使体育旅游者遭受巨大的经济损失甚至危及生命。发生体育旅游重大安全事故也可能造成体育旅游经营者财产损失，声誉受损，会降低甚至消除体育旅游者到某地进行体育旅游的欲望，从而使地方经济蒙受巨大损失。特别重大体育旅游安全事故甚至可能会危害国家的形象和声誉。

3. 复杂性

体育旅游活动类型多样、内容丰富，不同类型的体育活动依托的载体不同，活动环节的设置也各有差异，但各环节在设置时往往环环相扣，其中关系到体育旅游者和体育旅游从业人员，涉及住宿、交通、餐饮等行业，由此牵涉众多旅游及安全管理部门和机构。因此，一旦发生体育安全事故便牵连甚广，后期调查、维护工作复杂。特别是当前跨国旅游合作逐渐盛行，相关问题的处理更是复杂多变。因此，各管理部门、旅游组织者及体育旅游从业人员务必要做好体育旅游安全防控工作。

4. 突发性

体育旅游活动中发生的安全问题往往带有突发性特征，比如自然灾害（如地震、泥石流、雪崩、山体滑坡、山洪、海啸等）一般都是在毫无防备的情况下瞬间爆发。这就要求各旅游管理部门、体育旅游企业、体育旅游从业人员在平时要做好突发事件的应急预案，提升其应急事件的处置能力。只有这样，才能够将突发事件的危害降到最低，也才能在发生突发安全问题的时候做到临危不惧，有序处理好突发事件。

（四）体育旅游发生安全问题的规律性

体育旅游安全问题发生表现出明显的规律性，正确认识体育旅游安全问题发生的规律性有助于有效控制、防范体育旅游安全事故的发生。

一般来说，诸多类型的体育旅游项目必须要依托体育旅游自然资源，体育旅游自然资源中的山体、水文资源突发自然灾害的频率较其他资源高。经济文化发展水平高的体育旅游目的地，因当地居民文化水平较高且受益于体育旅游业，故而更加注重体育旅游活动设备维护，相关安全管理体系也较为完善，所以安全问题相对较少。

体育旅游安全问题的发生与整个体育旅游活动行程中的吃、住、行、游、购、娱等环节相关，由于体育旅游本身是个动态的过程，在不同的活动背景下表现出一定的变化，因此，体育旅游安全问题在活动的不同环节也就有较大的差异性。一般而言，饮食安全问题主要是食品卫生问题以及由此引发的食物中毒、腹泻等；住宿安全中防火、防盗问题比较突出；体育旅游交通安全问题环节较多，显得尤为复杂；体育旅游活动项目安全问题主要体现在设计的项目依附于体育旅游自然资源与人文资源，这些都与体育旅游目的地和景区类型以及当地社会文化背景有关，并主要表现为景区犯罪、运动损伤、活动事故、自然灾害等；购物安全问题主要表现为欺诈、纠纷等消费安全问题；娱乐安全问题则表现为盗窃、纠纷、斗殴、设施设备故障引发的事故等；野外安全问题表现为兽袭、失火、身体损伤等。

体育旅游安全表现出明显的时间规律，主要以体育旅游流向性与体育旅游季节性特点为表征。体育旅游流向性特点是指体育旅游者流动状况及所选体育旅游目的地的分布规律。知名的体育旅游目的地因体育旅游者流动量大，可能会造成超负荷接待，从而不可避免地导致安全管理问题。

因为体育旅游活动有着明显的季节性，往往体育旅游旺季是体育旅游安全问题的多发期。旺季时，大量体育旅游者涌向体育旅游目的地，给当地交通、餐饮、住宿接待等方面造成巨大压力，加大了体育旅游目的地的安全管理和风险管控难度，导致体育旅游安全风险提高。相反，在体育旅游淡季时，由于旅游者相对较少，而体育旅游从业人员保持相对稳定，安全防范措施较旺季更容易落实，因此，安全问题相对较少。

夜晚是体育旅游安全问题的高发时段，体育旅游者的精力和体能在白天高强度的体育旅游过程中已消耗殆尽，到夜晚体育旅游者的体能与注意力极低，这在一定程度上为体育旅游安全问题的发生埋下隐患。故而针对体育旅游者的暴力犯罪一般发生在夜晚。在野外体育旅游中，夜晚常常是野生动物的出没时间，因此体育旅游者易受野生动物侵袭。对体育旅游者而言，防范安全问题发生的有效方法就是尽量避免夜晚单独外出。另一方面，体育旅游管理部门、体育旅游企业也应该加强体育旅游团队在夜晚的安全防范管理。

二、体育旅游安全管控体系与环节

体育旅游安全管控具有复杂性、突发性等特点，使得体育旅游安全管控工作难度大。体育旅游安全管控工作必须坚持安全第一、预防为主，统筹兼顾、上下协作，有法必依、违法必究等原则。

体育旅游安全管控涉及宏观和微观层面，宏观层面体现为国家旅游局、体育总局及安全生产监督管理总局牵头制定和颁布的有关行业安全政策法规，微观层面表现为省、市、县及以下政府主管部门对相关体育旅游企业的具体监督与管理。

（一）体育旅游安全管控体系

体系就是依据特定目的编排各个具体部分形成具有内在逻辑的整体，体现出具有目的导向的逻辑性。体育旅游安全管控体系是指最大限度地有效控制、处置体育旅游安全事故或使引起体育旅游安全事故的诸多因素降到最低程度的一套联动系统。学者周红伟认为：户外运动安全保障系统包含户外安全政策法规系统、户外安全预警系统、户外安全教育系统和户外安全救助系统。[①]。笔者借鉴户外运动安全保障系统的构建体系，将体育旅游安全管控体系分为体育旅游安全政策法规系统、体育旅游安全教育系统、体育旅游安全保险系统、体育旅游安全预警系统和体育旅游安全救助系统。

1. 体育旅游安全政策法规系统

体育旅游安全政策法规是规范体育旅游活动各安全管理环节的法律依据，能有效保障体育旅游活动的顺利开展，也能促进体育旅游产业的安全、健康发展。由政府颁发的全国性政策法规及地方政府和行业主管部门颁发的地方性行业标准，同时作用于体育旅游活动全过程的安全管控，从而形成了一套完整有效、可操作性强的安全政策法规体系，用以规范和指导体育旅游活动。

2. 体育旅游安全教育系统

体育旅游安全教育对保障体育旅游安全、降低事故发生率具有特别重要的作用，能降低体育旅游企业经营成本，提高服务质量，增强企业市场竞争力，提高从业人员素质。目前，体育旅游安全问题已受到业界广泛重视，在体育旅游宏观管理、监督和保护自身利益的双重驱动下，

---

① 周红伟. 我国户外运动安全保障系统的构建研究 ［J］. 南京体育学院学报，2010，24（2）：94.

体育旅游行业加强了安全管理教育，并取得了一定的成绩，但仍存在体育旅游从业人员安全教育手段单一、教育内容不够系统全面等问题，尤其是体育旅游行政主管部门及行业协会在对从业人员的安全意识和管理能力培育方面较为薄弱。

此外，还需加强对体育旅游者的安全教育，充分利用大众媒体、互联网等手段加大对大众安全教育的力度，强化大众对体育旅游安全教育的认知，培养体育旅游者自我保护的安全意识和自救能力。

3. 体育旅游安全保险系统

随着中国体育旅游业的不断发展，国民参与体育旅游活动的意识和参与度有明显提高，但是体育旅游相关的事故近年来处于高发态势，体育旅游途中可能发生极端天气、突发疾病、意外伤害等事故，再加上体育旅游中包含一些惊险、刺激甚至长时间才能完成的项目，所以体育旅游本身就属于高风险活动。客观而言，体育旅游中有一些因素是可控的，而一些因素是不可控的。为了保障体育旅游参与者的利益以及发生体育旅游安全事故时的合理处置，在开展体育旅游活动前，体育旅游者或体育旅游企业应向专门的保险公司购买体育旅游保险，从而降低与分担在体育旅游安全事故中的风险和损失。

4. 体育旅游安全预警系统

体育旅游安全预警指体育旅游的管理部门和组织者应充分利用现代信息技术，收集体育旅游目的地的自然、政治、经济等各类环境的变化信息；检测与搜集体育旅游过程中可能遇到的各种突发事件的信息与情报，了解体育旅游企业经营状况。也就是说，对可能给体育旅游带来危险的各种信息与情报进行评估、审核、整理、分析、监测，从而及时发出突发事件预警。

体育旅游安全预警可以有效避免一般危险事故的发生，对于一些不可避免的安全事故，也能够通过安全预警系统找到科学、合适的应对方案，尽可能地将损失降至最低。建立完善的体育旅游安全预警系统可以有效降低体育旅游中的风险。体育旅游安全预警是体育旅游安全管理现代化的表现，也是目前安全管理中最为行之有效的手段，具有维护体育旅游者和行业权益、警示体育旅游者和企业、提高其安全防范意识和管控能力的作用。

5. 体育旅游安全救助系统

体育旅游安全救助系统的功能主要体现在对整个体育旅游救助工作的开展、统筹和协调上。首先，从基层体育旅游机构获取关于体育旅游安全事故的信息，尤其是体育旅游安全问题发生的时间、地点、性质、特征等具体内容，以此明确体育旅游安全问题的大致情况；其次，把收集到的信息归纳整理，进行详细分析，确定事故的规模和等级，协调施救单位，组织救援机构以及拟定施救方案；组织救助机构和人员实施救助工作；救助监督以及善后工作，协调现场工作，随时根据工作进展调整救助方针，并在救助工作结束后，协助完成费用结算、体育旅游安全保险赔付以及善后处理工作。

体育旅游业通过产业要素整合、服务形态整合、产品融合等创新方式，拓展了旅游市场，但在丰富体育旅游产品的同时，也带来了新的安全问题。我国体育旅游安全管控制度和体系构建滞后于新业态的发展，甚至存在一定的空白，新形势下应尽快出台保障体育旅游安全管控的政策和措施。

（二）体育旅游安全管控环节

1. 饮食安全管控

体育旅游中的饮食安全直接影响着参与者的健康状况，关乎体育旅游活动能否顺利完成。因此，保障体育旅游参与者的饮食安全对于体育旅游十分重要，饮食安全管控无疑是体育旅游安全管控的重要环节。

体育旅游饮食安全管控就是对饮食场所的安全性进行有效的管理、监督和控制。

（1）体育旅游活动中的饮食场所分类。

①饭店餐饮场所：此类餐饮场所一般都设在饭店中，由饭店餐饮部提供专业化、规范性的餐饮服务。一般而言，饭店餐饮注重安全管理。

②社会餐饮场所：社会餐饮场所是目前餐饮服务的主要阵地，其规模、服务水平、等级及规格差异很大。社会餐饮管理水平参差不齐，安全管控缺乏标准化和规范化。

③野外餐饮场所：户外旅游者在没有餐饮服务的情况下自行烹饪餐食。野外餐饮场所大多是未经当地卫生部门、工商部门许可的场所，最容易发生饮食卫生和安全事故，也是体育旅游饮食安全管控中最为困难的一环。

（2）体育旅游饮食安全问题的主要表现形式。

①食物中毒：食物中毒是由于饮食卫生而引发的较为严重的饮食安全问题，主要是由于饮食提供者提供的食品过期、不洁净等引起的。食物中毒对体育旅游者的伤害较大，严重者将危及体育旅游者的生命安全。

②营养不良导致的疲劳症：体育旅游活动涉及全身肌肉的活动，不仅对体育旅游者身体素质有一定要求，而且对其抗疲劳的能力要求较高。在旅途过程中，若营养摄入不足，体育旅游者会感到四肢乏力、肌肉酸痛、体能下降，最终表现为疲劳症。多数体育旅游活动所需的能量较多，途中体育旅游者体能消耗过多而没有得到及时补充，是造成疲劳症最主要的原因。因此，旅途中要注意热性食物的摄取，以保证有足够的能量供给，注意营养搭配和提高矿物质的摄入量，这些措施可以有效避免或缓解疲劳症。

2. 野外住宿安全管控

（1）防雨。

防雨是野外住宿要考虑的首要问题，应在扎营前了解天气预报、观察天气变化。如果预报当晚有雨，应当对营地及帐篷进行必要的防雨处理，除选择好营地外，还需要挖泄洪沟，加固帐篷并增强防雨性能，例如可以在帐篷外加盖防雨塑料布、雨衣等，各种用品也应放置在帐篷内。

（2）防风。

了解风向对于户外扎营非常重要，尤其要考虑帐篷门、炉灶口的合理开向——应当将帐篷门背风开，而炉灶口向风开。扎营还需要了解一些地理和气候知识。在湖泊边扎营，其风向是早晚相反变化。在炎热干燥的山区，白天由于山谷（谷地）气温上升慢于山坡（山顶），呈上升气流，即风向谷顶刮，而夜晚则呈下降气流，风向谷地刮。

（3）气温。

气温对野外住宿同样重要，应当掌握季节、区域的气温变化规律，并在此基础上进行装备、服装等配置。学会准确判断气温变化。一日之中，一般在下午2点达到当日气温最高点，而凌晨2点至3点降到最低点。一日气温最高值与最低值的温差称为日较差。一般而言，低纬度地区比高纬度地区日较差大，内陆地区比沿海地区日较差大，晴天比阴天日较差大，盆地比平原日较差大，荒漠比林地日较差大。

（4）防火。

体育旅游活动主要在户外开展，其活动项目常涉及户外露营及野炊，对火源的管理格外重要。特别是在森林用火，在使用完火之后，要将其彻底熄灭之后才能离开；不得在禁止用火的区域用火，如遇火灾险情要及时上报相关消防部门。

（5）帐篷。

帐篷内要保持清洁干燥、空气流通。湿衣物不要带进帐内，可用细绳系于帐篷两端晾晒。帐篷内最好不用蜡烛照明，要使用手电筒或头灯。在帐篷内生火要特别注意安全，必须要有人看守，晚上睡觉前要仔细检查是否熄灭了所有的火苗。

（6）保暖。

在野外住宿，保暖是关键。睡袋不能提供热量，它只是一个隔热层，防止身体的热量散发，所以最好的方式是给身体储存更多的热量。有经验的露营者会在睡前吃一些高热量的食物，或者喝些热饮（茶和咖啡除外）。在选择睡袋、睡垫时，其保暖性也是非常重要的，睡袋从背包中取出后应摊开一会儿，让其尽量膨胀开，以便在其内里形成更厚的空气层。

（7）其他。

一个好的住宿环境需要团队成员共同营造，每一个环节都应认真对待，稍有疏忽，就会影响活动的正常开展。在野外住宿还需要注意合理安排休息时间，注意饮水卫生，防止感冒，互帮互助，等等。

3. 体验与游览安全管控

体验与游览是体育旅游活动的核心内容和精华所在，是体育旅游者参与体育旅游根本动机的集中体现。不同的体育旅游活动带给体育旅游者不一样的体验与收获，也有其不同的安全管控要求。在此，笔者以户外水上运动、空中体育旅游活动及山地户外运动为例，介绍其安全管控应注意的主要问题。

（1）户外水上运动安全管控。

户外水上运动是一项具有娱乐性、竞技性、挑战性和冒险性的活动。户外水上运动的参与者首先应该树立安全意识，掌握一定的水上运动技能，切忌盲目探险和挑战极限，在确保安全的前提下有序开展户外水上运动。

参加户外水上运动前应注意自然环境因素，如水温和天气。低温、极端天气都不宜开展户外水上运动。应提前了解该水域情况，同有经验的人结伴前行，切勿擅自在陌生水域开展户外水上运动。不能在过饱、过饥、酒后状态下参加户外水上运动。提前掌握一定的游泳和水上自救技能。无论是否会游泳，都必须按照标准穿戴好个人浮漂和安全装备，如救生衣、头盔等。

开展户外水上运动的常见水域有河流、湖泊、海洋。户外水上运动参与者需要具备辨别不同水域特征的能力，从而根据自身和技能判断是否要在该水域开展水上运动。户外水上运动参与者需要认识和了解河流的基本知识，以便更好、更安全地开展户外水上运动。下水前，参与者应在较高的地势河岸观察河岸和水面，了解水流特征；从较近水平面的视角观察水面，由于河床摩擦力作用，河底的水流速比河面的慢，岸边的水流受到河岸的阻力，流速也比中心位置的水流慢。户外水上运动参与者应该根据河流的情况，制定一条安全可控的路线，并尽量避开河流中的各种障碍物。

湖水受季节、流量等因素的影响，容易形成离岸流和风浪，户外水上运动参与者需要提前了解湖泊的水位变化信息，以便更安全地开展活动。不同季节产生的风力、风向不同，大风对户外水上运动有重要影响。风力是形成浪的主要原因，看似平静的湖面，受到风的影响，可能会形成危险的风浪和离岸流，这可能会对户外水上运动的开展造成严重的威胁。在湖泊进行户外水上运动还应该尽可能地靠近岸边划行，不要在航道中划行。需提前了解湖泊水域情况，远离泄洪渠等泄洪设施。

海洋是一个复杂的水域环境，在海洋中开展户外水上运动需要了解天气、海况、装备，还需要具备一定的划行技能和经验。任何在陌生水域的划行都可能导致危险。海洋受天气的影响非常大，包括气温、风向、风速、雨雪等，同时还要注意雷电、暴雨、大雾等极端天气。根据当地气象中心发布的预警信息，如果天气条件不允许，禁止开展任何户外水上运动。不同季节的气温对户外水上运动的影响非常大，但往往容易被大家忽视。夏季容易出现中暑、失水、晒伤等问题，所以夏季开展户外水上运动要做好防暑、补水、防晒等措施。冬季开展户外水上活动需要注意失温、大风等危险因素的影响。人体失温会导致严重后果，甚至会危及生命，而冬季气温低、风大，容易导致失温，遇此情况，应及时寻找避风港或者码头停靠，待天气好转后再出行。在出海前应该制定安全的划行路线，且必须考虑风向的影响。风速、风力也会严重影响户外水上运动，如使划行变得困难，甚至偏离预定航线，从而出现危险情况。因此，在开展户外水上运动时，如果遇到风向不稳定、逆风且风力较大时，应该适当评估计划，必要时取消计划。

海浪的大小直接影响户外水上运动的开展，参与者应该对照海浪高度表，务必在低于 0.5 米海浪环境下从事户外水上运动。海峡区域受到地形的影响，容易形成不稳定海况，造成危险。参与者应该提前观察洋流和海浪的情况，并分析地形和礁石对海况的影响，避免进入危险区域。另外，还需要注意桥墩、礁石等障碍物对水流的影响，避免进入航道开展户外水上运动。海洋受到潮汐的影响大，水流也会发生显著变化，因此在设计线路时应将潮汐因素考虑在内。

总之，在任何水域进行户外水上运动，预防都是保障安全的重要手段。因此，开展户外水上运动时，应对人员、环境、装备、救援能力等进行安全评估，评估的内容包括以下几点：第一，个人承担风险的能力。户外水上运动参与者应该充分了解水上运动的风险性，清楚自己的行为可能造成的一切后果，并对自己的行为负责。第二，熟悉船艇的基本构造和原理，熟悉装备的使用；了解团队和人员的构成，与团队建立起紧密的联系。第三，掌握水中自救与救援的能力。当出现安全事故时，知道采取必要的自救措施，知道如何配合团队进行救援。尤其是自救技能，一定要提前熟练掌握，每个人都应该明白自救能力直接影响着救援行动的成败。第四，选择合适的水域环境开展户外水上运动。天气和地形的选择是重要因素，另外还需要考虑气温、水温、风速、风向、洋流等对活动的影响。第五，活动组织者应该制定详细的救援和应急预案。

（2）空中体育旅游活动安全管控。

同陆地和水上体育旅游项目相比，无论在国内还是国外，空中体育旅游活动开展得都比较少，这与其技术难度大和价格高昂有一定关系。在空中体育旅游活动中，开展较为普遍的是蹦极、热气球、滑翔、飞机跳伞等，具有科技含量高、消费时尚性强、带动相关产业作用明显等特点，其场地包括桥面、直升机、专门搭建的平台和建筑屋顶等。安全管控是空中体育旅游活动的第一要务，空中体育旅游活动组织方应加强相关从业人员项目技能、活动组织规范及安全风险等方面的培训，扎实做好空中体育旅游活动全过程的安全管理工作。

（3）山地户外运动安全管控。

山地户外运动能让人回归大自然，能使人充分放松身心、增强体质，故而越来越受人们青睐。然而，山地户外运动在带来快乐的同时也要面临很多的安全问题。山地户外运动安全问题的发生，往往源于体育旅游者缺乏经验或者是对环境了解不充分。自然环境的变化异常多端，山地户外运动参与者需要随时保持警觉，并做好应对措施。首先，应该充分了解区域环境，并带好必需的装备，比如地图、指南针、手电筒、食物、水、药品等，以应对不同的情况。其次，山地户外运动往往需要一定的体能和技巧，参与该运动时缺少相应的训练也会增加安全问题发生的概率。

总之，参与山地户外运动时必须了解和认识山区环境，并做好相关准备，同时也要具备一定的体能和技能，遵守规则和要求，听从山地户外运动专业人员指导，以便能够在保障安全的基础上充分享受户外运动带来的乐趣。

第三节　体育旅游安全救护

一、体育旅游安全救护知识准备

（一）体育旅游安全救护基础知识

1. 一般疾病的预防

（1）随身携带一些预防性药品，以备不时之需。

（2）注意个人卫生和饮水、食品卫生，防止病从口入。

（3）做好预防接种。

（4）保护好皮肤，避免蚊虫叮咬。

（5）旅途中劳逸结合、张弛有度，注意饮食营养。

2. 疾病的缓解和救护

（1）高原反应的缓解和救护。

高原反应是人从低海拔地区到高海拔地区后身体产生的不良反应。从低海拔地区到高海拔地区时应尽量阶梯上升，逐步适应。即将到达海拔三千米以上地区时，应携带氧气及预防药物，如镇静剂、肾上腺素、维生素等必备药物；到达高原地区后，体力活动要循序渐进，尽量减少寒冷刺激、避免上呼吸道感染。

（2）晕动症的缓解和救护。

保持心情愉快，过度饥饿或过量饮食和过度疲劳时不要乘车、乘船、乘飞机；在太阳穴处涂抹风油精等；口含陈皮话梅、橄榄或茶叶；准备茶苯海明、安定、复方颠茄片等，启程前30分钟服用一片，3小时后再服用一片；选择平稳的交通工具以及颠簸小、通风好的座位；减少身体和头部晃动。

（3）疲劳症的缓解和救护。

选择方便、舒适、省时且适合自己健康状况的交通工具，合理安排旅行日程，保证充足的休息和睡眠，做一些力所能及的运动操。

（4）低血糖的缓解和救护。

常备几颗糖果、巧克力等，一旦没有吃早餐或早餐吃得太少，在午餐前出现心慌饥饿感时，马上嚼几颗糖果；如果在行走中犯低血糖但身上未携带糖果，可以喝一些含糖饮料或吃些含糖分的食物。

（二）体育旅游安全救护基本技能

在户外体育旅游活动中，掌握基本的急救技能至关重要，一旦发生外伤，可以在第一时间进行基础急救，防止伤情恶化。现场急救常用到止血、包扎、固定、搬运与转送四大技能。对于出血伤员应给予及时有效地止血、包扎，这是抢救伤员的基础；对于骨折的伤员应利用现场可以找到的物品进行有效的临时固定，这是保证伤员不再受进一步受伤的重要环节；对于不能行走的伤员，进行搬运与转送是使其得到进一步治疗的保证。一般而言，创伤救护的步骤是止血、包扎、固定、搬运与转送，但也有例外的情况，如伤员身处危险的环境，则应先搬运与转送，后进行止血、包扎和固定。在抢救过程中，总的原则是先抢救心跳、呼吸骤停及昏迷等重度伤员，后处理轻度伤员。只有根据伤情的轻重缓急，确定处理的先后顺序，才能提高抢救的效率。

1. 止血

外伤出血大致可以分为动脉出血、静脉出血和毛细血管出血三种。毛细血管和较小的静脉出血，一般出血缓慢，可用创可贴止血。创伤面较大时，则需使用止血散、云南白药等，再用纱布、绷带包扎伤口。较大的静脉或动脉血管损伤出血，往往出血量较大且急，故需引起重视，采用其他止血方法。常见的止血方法有以下几种。

（1）指压止血法。

此方法可徒手操作，只要能及时找到出血部位的主要动脉，用手正确有力地压迫，即能达到止血的目的。

（2）加压包扎止血法。

在包扎时，适当加压，达到止血的目的，这是最常用的有效止血方法，全身各部位的静脉出血常选用此方法。

（3）止血带止血法。

此法不作为首选的止血方法，通常在其他止血方法无效时，或遇到较大的四肢动静脉出血时采用。此法需在医务人员的指导下操作或经过正规的严格训练后才能使用，捆扎时要在伤口的近心端，松紧适宜（扎得太紧会损伤神经，扎得太松又无法止血），并且每隔 2 小时放松 2—3 分钟，否则会引起严重的缺血坏死，容易致残。

2. 包扎

对伤口进行正确的包扎不仅有止血的功效，而且可以保护伤口，从而达到减少伤口感染、减轻疼痛的目的。另外，包扎能使敷料固定，有利于搬运与转送。常用的包扎方法有以下几种。

（1）绷带包扎法。

这是最普通也是最基础的一种包扎方法。在操作时，需要准备各种型号的绷带、剪刀、胶布等。可根据伤口的大小选择合适的绷带，在包扎结束时，用剪刀剪断绷带，再用胶布粘牢。绷带包扎法又可分为以下几种。

①环形包扎法：最基本的包扎法，适用于小范围伤口，即从包扎的起始部至终止部需用绷带环绕肢体 2—3 圈，每圈需重叠。

②螺旋形包扎法：主要适用于肢体粗细差不多的部位。其主要特点是包扎时斜形向上环绕，要求后圈压住前圈的 1/2 或 2/3。

③螺旋反折包扎法：小腿、前臂等肢体粗细变化较大的部位需选用此法包扎。包扎时要求斜形向上环绕，每圈在同一部位向下反折一次，

要求后圈压住前圈的 1/3。

④"8"字形包扎法：关节部位的包扎适用于此法。在包扎的过程中，形如书写"8"字先向上绕行，跨越关节时，更改方向转而向下绕行，如此交替使中间和前端相交并覆盖前圈的 1/2 左右。

（2）三角巾包扎法。

医学上三角巾包扎法的应用范围较广泛，适用于全身各部位。可用衣物、毛巾等代替三角巾。各部位的常用包扎方法如下。

①头部包扎法：三角巾底边齐眉，两边沿耳上方拉向枕部边绕向前额打结，再将顶角反折固定于后枕部。

②面部包扎法：先将三角巾打一个结兜住下颌，罩住面部，交叉压住底边，后绕向前额打结固定。

③胸部包扎法：三角巾底边横放伤侧胸部，底边绕至背后，拉过顶角过于肩部，使顶角在背后与左右底角打结。

④托管悬吊包扎法：受伤前臂屈曲放于三角巾中间，将三角巾的一个底角悬吊于健侧肩部，另一个底角包绕受伤前臂后悬吊于伤侧肩部，两底角在脖子一侧打结。

⑤臀部包扎法：将三角巾包住伤侧臀部，然后固定，顶角在腰部打结，两底角包绕大腿后相互打结。

⑥手足包扎法：用于手掌、足部外伤，包扎较简单，只要用三角巾顶角包住受伤的手、足，再用两底角固定即可。如无三角巾，也可用大手帕、毛巾包扎，注意松紧适宜。

（3）其他包扎方法。

体育旅游安全事故往往是在毫无准备的情况下意外发生的，因此，有必要学会利用现场资源进行包扎处理。

①头部帽子包扎法：当头面部有伤口时，可用帽子包扎，使用时将帽子里衬剪开并将两边下拉，接上带子，在下颌打结，也可直接在两边帽檐中间剪洞穿带后再在下颌打结。

②头部毛巾包扎法：头面部伤口包扎时，可选用一条较大的毛巾进

行包扎。将毛巾平放在头部，前面的一边齐眉横放于前额部，先将前缘反折向枕后打结，再将后缘两端拉向颌下打结即可。

③衣服包扎法：若发生背部或胸部出血，在无包扎材料的现场，可用衣衫后襟包住受伤部位，再把两前襟与两袖口在腋下部位相互打结固定。

3. 固定

对骨折的伤员必须做临时固定，以减轻骨折端疼，预防疼痛性休克和新损伤的发生。常用限制骨折端活动的临时固定方法有如下几种。

（1）前臂骨折固定法。

需要同时运用绷带、三角巾及夹板等材料。操作时先用夹板（要求内铺衬垫，夹板长度与肘关节至手指的距离相当）固定伤臂外侧，再用绷带作螺旋形包扎固定，指尖外露，最后用三角巾将前臂悬吊于胸前。

（2）上臂骨折固定法。

所需材料基本和前臂骨折固定法相同，操作时取夹板（肩峰至肘关节长，内层放置衬垫）置于上臂外侧，用绷带进行螺旋形包扎，要求上臂固定在胸侧，肘关节屈曲后将前臂用三角巾悬吊于胸前。

上肢骨折时若无固定器材，也可将受伤的上臂、前臂用皮带、布带固定在伤者躯干上。

（3）锁骨骨折固定法。

可就地取材，用衣服或毛巾做临时固定，操作方法简单，先在两腋下垫上棉垫，再用两件衣服或是两条毛巾叠成三角状分别置于两侧肩背部，先各自固定（从腋窝绕到肩前方打结），后相互固定（两角拉紧在背后打结）。

（4）肋骨骨折固定法。

需用多头带固定，如无多头带，则可临时剪成多头带。使用多头带时，应先在骨折部盖上大棉垫，然后左右交替包绕，伤员需呼气后屏息，最后在侧胸部打结。

（5）大腿骨折固定法。

操作时需用到两块长夹板（一块从足跟至腋下长，一块从足跟至腹股沟长）及多块三角巾（若无三角巾，可用衣物或毛巾等代替）。两块夹板中稍长的夹板置于伤肢外侧，另一块置于伤肢内侧，两夹板间用三角巾固定，最后与健肢固定在一起。如无夹板或其他支撑物，则可将伤肢直接固定在健肢上。

（6）小腿骨折固定法。

此法操作较简单，只需将一块夹板（从大腿至足跟长）置于伤肢外侧，最后用绷带或布条固定。

下肢骨折在无夹板、木棍、竹竿等固定物时，亦可将伤肢固定在健肢上。固定时健肢和伤肢伸直、并拢，两腿之间垫以棉花或衣物，然后分段用布带扎紧固定。

4. 搬运与转送

经止血、包扎和固定等处理后，要将伤员搬运和转送到救护站或医院做进一步治疗。搬运时要采用正确的、合理的搬运方式，让伤员尽快离开现场接受治疗。

搬运的方式可以是多种多样的，一般轻伤员可以挽扶、背负等，但是较重的伤员，如颈椎骨折，搬运时往往要四人搬运。四人搬运的具体分工如下：一人站于伤员的头侧，托住伤员颈部使之始终与躯干保持一条直线并喊起始及结束的口令，另三人站在伤员同一侧，分别托住伤员的胸、腰及下肢等部位，保证在同一时间沿着同一直线协调一致地将伤员轻轻搬运至担架上。

转送时多采用帆布担架，一般伤员以仰卧位运送，但昏迷伤员应使头偏向一侧，以保持呼吸道通畅，避免发生窒息。如有活动性假牙要取下，以免脱落阻塞气管。脊柱骨折伤员要用木板担架运送，而颈椎骨折伤员则必须将头颈部固定，可用衣物等填塞在颈部两侧，避免左右移动，凡有脊柱损伤，搬运时一定要固定与保护，避免二次损伤。

二、体育旅游安全救护物资准备

(一) 个人出行用药

1. 抗感染类

(1) 抗菌药。

用于抗感染，如化脓性扁桃体炎、伤口感染、肺部感染、感染性腹泻等。可选广谱抗生素，如头孢拉定、头孢氨苄等。

(2) 抗过敏药。

用于荨麻疹、接触性皮炎以及各类过敏症，如氯苯那敏、阿司咪唑等。

(3) 感冒用药。

此类药均无病因治疗作用，主要用于减轻症状，如板蓝根冲剂、柴胡冲剂、康泰克、银翘解毒片、感冒清等。

(4) 解热镇痛药。

用于退烧、止痛，如对乙酰氨基酚及其复方制剂巴米尔、泰诺等。

2. 抗异常反应和突发疾病类

(1) 胃肠道用药。

用于解痉止痛，如阿托品等。用于止恶心、呕吐，如甲氧氯普胺。

(2) 抗晕动病药。

用于减轻晕车、晕船、晕机，如茶苯海明等，在上车、上船、登机前半小时服用。

(3) 镇静药。

用于治疗失眠、情绪烦躁等，如安定，必要时可服用。

（4）导泻药。

用于治疗大便干结、便秘，每日一次，根据用量大小，有软化大便或致泻作用。

（5）抗心绞痛药。

用于扩张冠状血管，解除、缓解心绞痛，如速效救心丸、麝香保心丸。

（6）外用药。

用于外伤消毒、止痛，如红汞、2％碘酊、75％酒精、PP粉、漂白粉精片、伤湿止痛膏、创可贴等。

（7）降压药。

用于舒张血管和降低血压，特别是中老年游客、有高血压史者，要注意携带，如氨氯地平、坎地沙坦、卡托普利等。

药品的用法用量因个体差异区别很大，体育旅游时不可能带很多品种，上述几类药品可各选几种备用，要做好准备，所带总用量要略大于体育旅游期的需要。药品有一定的副作用，用药前应仔细阅读说明书，注意用药禁忌并按要求观察有无异常反应，个人所带药品一般以三天左右用量为宜，体育旅游途中可以就地补充，如深入离交通干线较远的山区、草原等地，可适当增加。如参加团队体育旅游，团队带有药品，个人带三天的常用量足够。团队组织者应视团员人数准备用药。除了考虑在数量上增加外，品种亦应有所增加，特别是在体育旅游中难以补充时，要多准备，到住宿地后出行时仅带一天用量，晚上回来再进行补充，以减轻负重。

在进行体育旅游前，除上述药品，个人还应准备一些急救用品。如消毒棉花、消毒纱布、创可贴、止血带、医用镊子、体温表、一次性注射器、绷带等。如果需要到高海拔地区，患有心血管疾病和肺部疾病的患者，可自带小型压缩氧气筒。携带方便，且比氧气袋供养时间长，急性缺氧时可应急。各种医疗急救用品可统一放在一个软包内。

（二）团队出行用药

体育旅游团队出游，尤其是到交通干线以外，或距离中心城镇较远的地方，急救医疗用品的数量和品种应当比个人携带的有所增加，如增加胃管、导尿管各一根，血压表一只，手术剪刀一把，三角巾两块，小型家用制氧气筒一只，有时还需准备呼吸兴奋剂、强心药等。

（三）日用物品

日用物品必要时也可以成为应对意外事件、求救和自救的有效工具。

1. 铝制饭盒

可以用来取水、煮饭，内层可作为阳光反射板，必要时可发出求助信号；途中可作为盛器，将一些物品装在其中，减少物品的体积，而且质量较轻。

2. 防风的火柴或打火机

在草原、山区等交通闭塞地区进行体育旅游时，火种十分重要，它不但可以取暖、做饭、防止野兽袭击，还是求救的方法之一。

3. 塑料布

应具有较好牢固性，它可以铺在地上防潮，野餐时当桌布，下雨可作篷布，披在身上防雨保暖，沙漠中可用来"制水"等，质量轻、体积小、用途广。

4. 瑞士军刀或多功能小刀

它在削水果、开罐头、防野兽、支帐篷等方面有很多用途。

5. 指南针

可以帮助辨别方向，尤其是在沙漠、草原、山区、森林等地，更是防止迷路的绝佳工具。

6. 盐和少量的巧克力

可在应急时补充能量，维持体能。

7. 针线包

可用于挑去异物，甚至可在被蛇、毒虫咬伤时用作烧灼伤口的急救工具。

8. 厚胶带纸

紧急时可代替医用绷带，还可以粘毒虫的毛刺等。体积小，比较轻便，用途广泛。

另外，还需要带尼龙绳十米、矿烛一支、手电筒一支，以备不时之需。

三、体育旅游安全检查与评估

体育旅游者在进行体育旅游前应对自己的健康状况进行一次全面评估，其中包括自我检查和到医院检查。自我检查主要是观察体重、脉搏是否正常，有无发热、咳嗽等异常症状或身体不适，体力是否充沛，旧疾是否有复发的迹象等。通常每个人对自己的身体情况有一种趋势性的预测，凡是感到与以往不同或有不适时，都应在出行前到医院进行检查。

到医院进行检查，可根据体育旅游活动的日程安排，进行适当处理。一般从以下几点进行参考。

第一，凡参加长途体育旅游者，如乘车乘船时间较长的，应进行一次健康检查，将自查的主要情况告知医生作为参考，另外还要进行常规检查，包括心血管、肺、肝、肾、四肢、关节等重要脏器和组织功能检查，以评定体育旅游者的身体素质状态，听从医生建议选择适宜的体育旅游项目和活动量。

第二，患有慢性疾病的参与者，除进行常规项目检测外，还要进行一些针对性检查，如糖尿病患者要查血糖水平、脑动脉硬化的脑供血情况，痛风病人要查血尿酸等，以观察评估所患慢性疾病当前的各项指标，进而判断是否适合体育旅游并选择适宜项目。

第三，根据体育旅游目的和一些特殊体育旅游项目，做出某些专项的功能测定，如要参加登山、攀岩、探险等活动时，应做肺通气功能等测定，凡是心肺功能减退者不宜参加。

第四，体育旅游者在进行相关检查后，对医生做出的综合决定，应予以重视，有疑问之处应当及时咨询医生，要防止两个极端：一种是自信于自己平时的体力和精力，忽视健康上潜在的威胁，盲目出游，增加体育旅游的不安全性；另一种是过分惧怕。

第四节　体育旅游安全事故处理程序

一、体育旅游安全事故处理的一般程序

体育旅游安全事故涉及体育旅游参与者人身安全和财物安全。无论发生任何等级的体育旅游安全事故，都应该按照规定处理，不同等级的体育旅游安全事故在处理上稍有差异，但大多遵循以下程序。

（一）上报事故

体育旅游安全事故发生后，如果属于体育旅游经营单位组织的体育

旅游活动，现场的体育旅游经营单位工作人员应当立即向其所属体育旅游经营单位负责人报告，后者向发生地县级旅游主管部门、安全生产监督管理部门和负有安全生产监督管理职责的其他部门报告，发生重大、特别重大旅游安全事故时现场有关人员可直接进行这一操作。体育旅游经营单位负责人应同时向单位所在地县级以上当地旅游主管部门报告。地方旅游主管部门在接到旅游安全事故报告后，要根据安全事故等级依法依规将事件上报到相关政府单位或旅游主管部门。

（二）保护现场

体育旅游安全事故发生后，体育旅游经营单位应会同事故发生地有关部门严格保护现场，现场有关人员包括现场的体育旅游者，一定要配合公安或其他有关方面的工作。

（三）组织救助

体育旅游安全事故发生后，地方政府、安全生产监督管理部门、旅游主管部门和有关旅游经营单位，应当及时启动应急预案，组织有关力量进行救援。地方旅游主管部门积极配合公安、交通、医疗、保险等机构对体育旅游者进行救助工作，防止次生、衍生事件。

（四）善后和总结

责任方及其主管部门要妥善处理好对伤亡人员的赔偿、医疗、抚恤等问题。报告单位要协助责任方按照国家有关规定办法，对伤亡人员及其家属进行人身伤亡及财物损失的赔偿，协助保险公司办理旅游保险者的保险赔偿。体育旅游安全事故处置结束后，体育旅游经营单位、旅游主管部门应当及时查明事故的起因和经过，总结处置工作的经验和教训，制定改进措施。

二、重大体育旅游安全事故处理程序

针对造成海外旅游者人身重伤、死亡的事故，涉外旅游住宿、交通、游览、餐饮、娱乐、购物场所的重大火灾及其他事故，以及其他经济损失严重的事故，相关部门制定了《重大旅游安全事故报告制度试行办法》和《重大旅游安全事故处理程序试行办法》。其内容与处理体育旅游安全事故略有不同，但要点大体一致。

（一）事故报告

重大体育旅游安全事故发生后，各省、自治区、直辖市旅游行政管理部门和参加中国旅游紧急救援协调机构联络网的单位，都有责任将重大安全事故上报给中国旅游紧急救援协调机构。

（二）成立事故处理领导小组

对于重大体育旅游安全事故的处理，原则上由事故发生地的人民政府牵头协调有关部门、事故责任方及其主管部门负责处理，必要时可成立事故处理领导小组。报告单位应立即派人赶赴现场组织抢救工作，保护事故现场，并及时报告当地公安部门。

（三）现场抢救

在重大体育旅游安全事故发生后，公安部门人员尚未进入事故现场前，如因现场抢救工作需要移动物证时，应做好标记，并尽量保护事故现场的客观、完整。有伤亡情况的，应立即组织医护人员进行抢救，并及时报告当地卫生部门。登记伤亡人员的基本信息及其在国内外的保险情况，认真清理和保护现场行李和物品，并逐项登记。

（四）伤亡证明

在伤亡事件的处理过程中，责任方及其主管部门要认真做好伤亡家属的接待、遇难者的遗体和遗物的处理和其他善后工作，并负责联系有关部门为伤残者或伤亡者家属提供证明文件。

（五）调查报告

重大体育旅游安全事故的报告大致分为首次报告、处理过程中的报告和总结报告三个阶段性的报告。

首次报告内容应包括体育旅游安全事故发生的时间、地点；事故发生的初步情况；事故接待单位和与事故有关的其他单位；报告人的姓名、单位和联系电话。

处理过程中的报告内容包括伤亡情况及伤亡人员姓名、性别、年龄、国籍、团名、护照号码；事故处理的进展情况；对事故原因的分析；有关方面的反映和要求；其他需要请示或报告的事项。

安全事故处理结束后，事故责任方及其主管部门、旅游安全管理部门需要认真总结事故发生和处理的情况，并做出书面总结报告。

附 录

体育旅游指导性政策

近年来，随着国民经济水平的提升和生活条件的改观，人们对体育运动多元化需求加大，尤其是更加休闲化、娱乐化以及户外性的体育旅游项目备受百姓的青睐。市场需求必然促进体育旅游产业发展，因此国家政策对体育旅游进一步倡导和支持，将更有利于体育旅游的推广和健康发展。由此，国家出台了一系列关于体育旅游发展的相关政策，详见以下表格。

表一　国家发布的有关体育旅游的主要政策

序号	发布机构	发布时间	政策名称	相关主要内容
1	国务院	2009年12月	《国务院关于加快发展旅游业的意见》	大力培育发展具有自主知识产权的休闲、登山、滑雪、潜水、露营、探险、高尔夫等各类户外活动用品及宾馆饭店等专用产品。以大型国际展会、重要文化活动和体育赛事为平台，培育新的旅游消费热点，特别要抓住举办2010年上海世界博览会的机遇，扩大旅游消费。
2	国务院办公厅	2010年3月	《国务院办公厅关于加快发展体育产业的指导意见》	大力发展体育健身市场，努力开发体育竞赛和体育表演市场，积极培育体育中介市场，协调推进体育产业与相关产业互动发展，发挥体育产业的综合效应和拉动作用，推动体育产业与文化、旅游、电子信息等相关产业的复合经营，促进体育旅游、体育出版、体育媒介、体育广告、体育会展、体育影视等相关业态的发展。

序号	发布机构	发布时间	政策名称	相关主要内容
3	国务院办公厅	2013年2月	《国务院办公厅关于印发国民旅游休闲纲要（2013—2020年）的通知》	保障国民旅游休闲时间，改善国民旅游休闲环境，加强城市休闲公园、休闲街区、环城市游憩带、特色旅游村镇建设，营造居民休闲空间，鼓励开展城市周边乡村度假，积极发展自行车旅游、自驾车旅游、体育健身旅游、医疗养生旅游、温泉冰雪旅游、邮轮游艇旅游等旅游休闲产品，大力发展红色旅游，完善国民旅游休闲公共服务。
4	国务院	2014年8月	《国务院关于促进旅游业改革发展的若干意见》	积极发展休闲度假旅游，有条件的城市要加快建设慢行绿道。建立旅居全挂车营地和露营地建设标准，完善旅居全挂车上路通行的政策措施，推出具有市场吸引力的铁路旅游产品。积极发展森林旅游、海洋旅游。继续支持邮轮游艇、索道缆车、游乐设施等旅游装备制造国产化，积极发展邮轮游艇旅游、低空飞行旅游。大力发展乡村旅游，创新文化旅游产品。
5	国务院	2014年10月	《国务院关于加快发展体育产业促进体育消费的若干意见》	丰富体育产业内容，促进体育旅游、体育传媒、体育会展、体育广告、体育影视等相关业态的发展。大力支持发展健身跑、健步走、自行车、水上运动、登山攀岩、射击射箭、马术、航空、极限运动等群众喜闻乐见和有发展空间的项目。
6	国务院办公厅	2015年8月	《国务院办公厅关于进一步促进旅游投资和消费的若干意见》	实施旅游投资促进计划，新辟旅游消费市场，加快自驾车房车营地建设，大力发展特色旅游城镇，鼓励社会资本大力开发温泉、滑雪、滨海、海岛、山地、养生等休闲度假旅游产品，实施旅游消费促进计划，培育新的消费热点。

序号	发布机构	发布时间	政策名称	相关主要内容
7	国务院	2016年6月	《国务院关于印发全民健身计划（2016—2020年）的通知》	因时因地因需开展群众身边的健身活动，分层分类引导运动项目发展，丰富和完善全民健身活动体系。大力发展健身跑、健步走、骑行、登山、徒步、游泳、球类、广场舞等群众喜闻乐见的运动项目，积极培育帆船、击剑、赛车、马术、极限运动、航空等具有消费引领特征的时尚休闲运动项目，扶持推广武术、太极拳、健身气功等民族民俗民间传统和乡村农味农趣运动项目，鼓励开发适合不同人群、不同地域和不同行业特点的特色运动项目。
8	国务院	2016年10月	《"健康中国2030"规划纲要》	积极促进健康与养老、旅游、互联网、健身休闲、食品融合，催生健康新产业、新业态、新模式。鼓励发展多种形式的体育健身俱乐部，丰富业余体育赛事，积极培育冰雪、山地、水上、汽摩、航空、极限、马术等具有消费引领特征的时尚休闲运动项目，打造具有区域特色的健身休闲示范区、健身休闲产业带。
9	国务院办公厅	2016年10月	《国务院办公厅关于加快发展健身休闲产业的指导意见》	大力发展体育旅游，制定体育旅游发展纲要，实施体育旅游精品示范工程，编制国家体育旅游重点项目名录。支持和引导有条件的旅游景区拓展体育旅游项目，鼓励国内旅行社结合健身休闲项目和体育赛事活动设计开发旅游产品和路线。发挥重大体育旅游项目的引领带动作用，发展一批体育旅游示范基地。

续表

序号	发布机构	发布时间	政策名称	相关主要内容
10	国务院办公厅	2016年11月	《国务院办公厅关于进一步扩大旅游文化体育健康养老教育培训等领域消费的意见》	加快研究出台旅居车营地用地政策，制定出台邮轮旅游发展总体规划，制定实施冰雪运动、山地户外运动、水上运动、航空运动等专项运动产业发展规划。
11	国务院	2016年12月	《国务院关于印发"十三五"旅游业发展规划的通知》	推动精品景区建设，大力开发温泉、冰雪、滨海、海岛、山地、森林、养生等休闲度假旅游产品，大力发展乡村旅游、海洋及滨水旅游、冰雪旅游，加快发展自驾车旅居车旅游，加快培育低空旅游，优化旅游产品结构，创新旅游产品体系。
12	国家旅游局、国家体育总局	2016年12月	《国家旅游局 国家体育总局关于大力发展体育旅游的指导意见》	引领健身休闲旅游发展，重点发展冰雪运动旅游、山地户外旅游、水上运动旅游、汽车摩托车旅游、航空运动旅游、健身气功养生旅游等体育旅游新产品、新业态。建设一批休闲绿道、自行车道、登山步道等体育旅游公共设施。鼓励和引导旅游景区、旅游度假区、乡村旅游区等根据自身特点，以冰雪乐园、山地户外营地、自驾车房车营地、运动船艇码头、航空飞行营地为重点，建设特色健身休闲设施。
13	国家体育总局	2017年5月	《体育总局关于推动运动休闲特色小镇建设工作的通知》	实现体育旅游、体育传媒、体育会展、体育广告、体育影视等相关业态共享发展，运动休闲与旅游、文化、养老、教育、健康、农业、林业、水利、通用航空、交通运输等业态融合发展，打造旅游目的地。

序号	发布机构	发布时间	政策名称	相关主要内容
14	国家体育总局、国家旅游局	2018 年 2 月	《春节黄金周体育旅游精品线路》	为深入贯彻党的十九大精神，全面落实"健康中国"国家战略，践行"绿水青山就是金山银山""冰天雪地也是金山银山"的发展理念，促进体育产业与旅游产业融合发展，满足人民群众节假日期间多样化的体育旅游需求，国家体育总局、国家旅游局，联合发布"春节黄金周体育旅游精品线路"。
15	国务院办公厅	2018 年 3 月	《国务院办公厅关于促进全域旅游发展的指导意见》	加快开发高端医疗、中医药特色、康复疗养、休闲养生等健康旅游。大力发展冰雪运动、山地户外运动、水上运动、汽车摩托车运动、航空运动、健身气功养生等体育旅游，将城市大型商场、有条件景区、开发区闲置空间、体育场馆、运动休闲特色小镇、连片美丽乡村打造成体育旅游综合体，推进融合发展，创新产品供给。
16	国务院办公厅	2019 年 8 月	《国务院办公厅关于加快发展流通促进商业消费的意见》	顺应商业变革和消费升级趋势，鼓励运用大数据、云计算、移动互联网等现代信息技术，促进商旅文体等跨界融合，形成更多流通新平台、新业态、新模式。
17	国务院办公厅	2019 年 8 月	《国务院办公厅关于印发体育强国建设纲要的通知》	推动与共建"一带一路"国家在体育旅游方面深度合作，打造"一带一路"精品体育旅游赛事和线路。拓展体育健身、体育观赛、体育培训、体育旅游等消费新空间，促进健身休闲、竞赛表演产业发展。
18	国家体育总局、文化和旅游部	2019 年 9 月	《2019 年十一黄金周体育旅游精品线路》	为深入贯彻党的十九大精神，全面落实"健康中国"国家战略，践行"绿水青山就是金山银山""冰天雪地也是金山银山"的发展理念，促进体育产业与旅游产业融合发展，满足人民群众节假日期间多样化的体育旅游需求，国家体育总局、文化和旅游部，联合发布"2019 年十一黄金周体育旅游精品线路"。

序号	发布机构	发布时间	政策名称	相关主要内容
19	国务院办公厅	2019年9月	《国务院办公厅关于促进全民健身和体育消费推动体育产业高质量发展的意见》	以资源禀赋为依托，引导足球、冰雪、山地户外、水上、汽车摩托车、航空等运动项目产业合理布局。分项目制定新一轮产业发展规划，加强相关基础设施建设，鼓励各地开发一批以攀岩、皮划艇、滑雪、滑翔伞、汽车越野等为代表的户外运动项目。探索将体育旅游纳入旅游度假区等国家和行业标准。实施体育旅游精品示范工程，打造一批有影响力的体育旅游精品线路、精品赛事和示范基地。规范和引导体育旅游示范区建设。将登山、徒步、越野跑等体育运动项目作为发展森林旅游的重要方向。
20	国家体育总局、文化和旅游部	2020年9月	《2020年国庆黄金周体育旅游精品线路》	深入贯彻党的十九大精神，全面落实"健康中国"国家战略，践行"绿水青山就是金山银山""冰天雪地也是金山银山"的发展理念，促进体育产业与旅游产业融合发展，满足人民群众不断增长的户外运动需求。
21	国家体育总局	2020年12月	《国家体育总局体育文化发展中心关于推荐2021春节黄金周体育旅游精品线路的函》	为贯彻落实《国务院办公厅关于促进全民健身和体育消费推动体育产业高质量发展的意见》（国办发〔2019〕43号），实施体育旅游精品示范工程，打造一批有影响力的体育旅游精品线路，规范和引导体育旅游示范区建设，国家体育总局与文化和旅游部将联合推荐一批2021春节黄金周体育旅游精品线路。
22	文化和旅游部	2021年1月	《开好局起好步推动文化和旅游工作开创新局面 2021全国文化和旅游厅局长会议工作报告》	推进旅游与其他产业跨界融合、协同发展，催生新业态、延伸产业链、创造新价值。发展乡村旅游、工业旅游、体育旅游、研学旅游，拓展旅游新市场。

序号	发布机构	发布时间	政策名称	相关主要内容
23	国务院	2021年7月	《国务院关于印发全民健身计划（2021—2025年）的通知》	通过普及推广冰雪、山地户外、航空、水上、马拉松、自行车、汽车摩托车等户外运动项目，建设完善相关设施，拓展体育旅游产品和服务供给。打造一批有影响力的体育旅游精品线路、精品赛事和示范基地，引导国家体育旅游示范区建设，助力乡村振兴，促进体旅融合。

表二　国家发布的有关户外运动的主要政策

序号	发布机构	发布时间	政策名称	相关主要内容
1	国家体育总局	2016年11月	《山地户外运动产业发展规划》	建设一批户外营地、登山道、徒步道、骑行道等户外运动场地及相关服务设施，加快场地设施建设；大力发展登山、徒步、露营、山地自行车等大众项目，稳步发展高海拔登山、攀岩等专业项目，积极拓展山地户外运动项目的新形式和新内涵，推动山地户外运动项目的健康发展。
2	国家体育总局	2022年6月	《体育总局关于进一步加强户外运动项目赛事活动监督管理的通知》	本通知主要对依靠自然环境作为赛事活动开展条件的体育项目，包括滑翔、跳伞、潜水、登山、攀岩、攀冰、滑雪、山地越野跑、山地车、冲浪、公开水域游泳等及其衍生的运动项目做监督管理。
3	国家体育总局等	2022年10月	《户外运动产业发展规划（2022—2025年)》	本规划以习近平新时代中国特色社会主义思想为指导，全面贯彻习近平总书记关于体育工作的重要论述，紧紧围绕体育强国建设和健康中国建设，以新发展理念为引领，拓宽"两山"理念转化路径，以户外运动产业高质量发展为主题，以深化户外运动产业供给侧结构性改革为主线，以改革创新为根本动力，高效统筹疫情防控和经济社会发展，持续激发户外运动市场活力，持续释放户外运动消费潜力，更好满足人民群众的户外运动需求和美好生活向往，为构建新发展格局贡献力量。

表三 国家出台的有关冰雪运动的主要政策

序号	发布机构	发布时间	政策名称	相关主要内容
1	国家体育总局等	2016年11月	《冰雪运动产业发展规划（2016—2025）》	到2025年，形成冰雪运动基础更加坚实，普及程度大幅提升，竞技实力极大提高，产业体系较为完备的冰雪运动发展格局。规划旨在大力发展冰雪健身休闲业、高水平竞赛表演业和冰雪旅游业，带动全国冰雪运动发展。鼓励冰雪运动场地开发大众化冰雪旅游项目，建设一批融滑雪、登山、徒步、露营等多种健身休闲运动为一体的体育旅游度假区或度假地。
2	国家体育总局等23部门	2016年11月	《群众冬季运动推广普及计划（2016—2020年）》	建立以"大众冰雪季"等品牌活动为主线，以冰雪旅游节、冰雪文化节、冰雪嘉年华、欢乐冰雪季、冰雪马拉松等群众喜闻乐见的冬季项目活动为支撑的群众冬季项目活动体系。推动发展冰雪健身、冰雪旅游度假、冰雪竞赛表演、冰雪培训、冰雪会展、冰雪器材销售、冰雪咨询等业态的发展，丰富冬季运动产品供给，满足群众不断增长的冬季运动消费需求。
3	文化和旅游部、国家发展和改革委员会、国家体育总局	2021年2月	《冰雪旅游发展行动计划（2021—2023年）》	支持各地建设一批交通便利、基础设施完善、冰雪景观独特、产品服务优质、冰雪风情浓郁的冰雪主题省级旅游度假区。建设一批冰雪主题A级旅游景区，引导以冰雪旅游为主的度假区和A级旅游景区探索发展夏季服务业态。推出国家级、省级滑雪旅游度假地。推出一批兼具民俗风情和冰雪文化特色的冰雪旅游主题精品线路，建设一批融滑雪、登山、徒步、自驾、露营、非遗体验、冰雪文化展示等多种文化和旅游活动为一体的高品质、复合型的冰雪旅游基地。

续表

序号	发布机构	发布时间	政策名称	相关主要内容
4	国家体育总局	2021年10月	《"十四五"体育发展规划》	加强战略规划布局，完善冰雪产业区域发展体系，提升华北、东北、西北地区冰雪旅游服务水平，打造高质量滑雪旅游度假地。支持河北崇礼、吉林长白山（非红线区）、黑龙江亚布力、新疆阿勒泰等地建设冰雪丝路带，打造国际顶级冰雪赛事活动平台和冰雪旅游度假地。

表四 国家发布的有关航空运动的主要政策

序号	发布机构	发布时间	政策名称	相关主要内容
1	中国航空运动协会	1996年12月	《动力伞运动管理办法》	明确动力伞飞行人员具备条件、场地飞行条件、装备器材管理、安全规定、奖励与处罚等规定。
2	中国航空运动协会	2000年12月	《热气球运动管理办法》	明确飞行人员驾驶执照、培训、竞赛及表演、开办热气球俱乐部必须具备条件、外籍人员飞行、装备器材管理、奖励与处罚等规定。
3	中国航空运动协会	2000年12月	《滑翔伞运动管理办法》	划分滑翔伞飞行人员级别及教练员级别，明确申请各级飞行员及滑翔伞教练员具备条件、滑翔伞俱乐部、飞行批准、装备器材管理、奖励与处罚等规定。
4	中国航空运动协会	2003年12月	《动力悬挂滑翔运动管理办法》	划分动力悬挂滑翔机飞行人员级别及教练员级别，明确申请各级飞行员及教练员具备条件、器材管理、开办俱乐部及应履行职责、飞行批准、安全规定、奖励与处罚等规定。
5	中国航空运动协会	2014年12月	《航空体育运动管理办法》	对从事航空体育运动的单位及参加航空体育运动驾驶航空器飞行和使用航空运动器材升空的运动员、教练员制定相关规定。
6	国家体育总局等9部门	2016年11月	《航空运动产业发展规划》	加强航空运动基础设施建设，到2020年，建成各类航空飞行营地2000个，五星级、四星级、三星及以下级别航空飞行营地分别占建成总数的1％、29％和70％，四星级以上航空飞行营地基本覆盖国内经济发达的主要城市和地区。

表五　国家发布的有关露营的主要政策

序号	发布机构	发布时间	政策名称	相关主要内容
1	国家质量监督检验检疫总局	2015年10月	《休闲露营地建设与服务规范》	规范休闲露营地的术语和分类，并从露营地选址、规划、基础设施和服务设施建设、环境保护选标识导引、安全保障、管理与服务等角度提出了原则性的要求。
2	国务院办公厅	2015年8月	《国务院办公厅关于进一步促进旅游投资和消费的若干意见》	制定全国自驾车房车营地建设规划和自驾车房车营地建设标准，明确营地住宿登记、安全救援等政策，支持少数民族地区和丝绸之路沿线、长江经济带等重点旅游地区建设自驾车房车营地。到2020年，鼓励引导社会资本建设自驾车房车营地1000个左右。
3	国务院	2017年2月	《"十三五"现代综合交通运输体系发展规划》	大力发展自驾车、房车营地，规划建设一批综合型汽车营地，重点建设山地户外营地和徒步骑行服务站。
4	国家体育总局	2017年4月	《体育总局办公厅关于做好2017年度文化产业发展专项资金重大项目申报工作的通知》	支持自驾车、房车营地的建设和运营项目，并向各级体育产业示范区、示范基地和运动休闲特色小镇倾斜。
5	国家体育总局、国家发展和改革委员会	2019年1月	《进一步促进体育消费的行动计划（2019—2020年）》	积极推动航空飞行营地、汽车自驾运动营地、山地户外营地等建设，打造体育综合体。

参考文献

专著

［1］顾雅青，郎富平. 旅游策划实务［M］. 杭州：浙江大学出版社，2022.

［2］江金波，舒伯阳. 旅游策划原理与实务［M］. 重庆：重庆大学出版社，2018.

［3］舒建平，谢卫. 基于文化视野中的休闲体育［M］. 成都：四川大学出版社，2017.

［4］周作明. 旅游策划学新论［M］. 上海：上海文化出版社，2015.

［5］谢卫. 休闲体育概论［M］. 成都：四川大学出版社，2014.

［6］查尔斯·R. 格德纳，J. R. 布伦特·李奇. 旅游学［M］. 李天元，徐虹，黄晶译. 北京：中国人民大学出版社，2014.

［7］柳伯力. 体育旅游概论［M］. 北京：人民体育出版社，2013.

［8］赵健，肖云，王瑞. 物联网概述［M］. 北京：清华大学出版社，2013.

［9］王德刚. 旅游学概论［M］. 北京：清华大学出版社，2012.

［10］刘嘉龙. 休闲活动策划与管理［M］. 上海：上海人民出版社，2012.

［11］卢志海，杜长淳. 旅行社经营管理［M］. 北京：北京师范大学出版社，2011.

［12］刘涛，曾蓓. 旅行社经营管理［M］. 北京：经济管理出版

社，2011.

[13] 傅云新. 旅游学概论 [M]. 广州：暨南大学出版社，2011.

[14] 李庆雷. 旅游策划论 [M]. 天津：南开大学出版社，2009.

[15] 杨学峰. 旅游资源学 [M]，北京：中国发展出版社，2009.

[16] 臧良运. 旅游学概论 [M]. 北京：电子工业出版社，2009.

[17] 蔡万坤，靳星，杨昆. 餐馆老板案头手册：成功经营餐馆必知必做的 217 项工作 [M]. 北京：人民邮电出版社，2008.

[18] TONY WAIL. 英汉－汉英采购与供应链管理词典 [M]. 上海：上海交通大学出版社，2007.

[19] 李天元. 旅游学概论 [M]. 天津：南开大学出版社，2007.

[20] 骆高远，吴攀升，马骏. 旅游资源学 [M]，杭州：浙江大学出版社，2006.

[21] Mike Weed，Chris Bull. 体育旅游 [M]，戴光全，等译，天津：南开大学出版社，2006.

[22] 谭华. 体育史 [M]. 北京：高等教育出版社，2005.

[23] 吴粲. 策划学：原理、技巧、误区及案列 [M]. 北京：中国人民大学出版社，2005.

[24] 赵长杰. 现代体育营销学 [M]. 北京：北京体育大学出版社，2004.

[25] 郭鲁芳. 旅行社经营管理 [M]. 大连：东北财经大学出版，2002.

[26] 司马迁. 史记 [M]. 长沙：岳麓书社，2001.

[27] 罗贝尔·朗加尔. 国际旅游 [M]，陈淑仁，马小卫，等译，北京：商务印书馆，1995.

[28]《简明社会科学词典》编辑委员会. 简明社会科学词典 [M]. 上海：上海辞书出版社，1992.

论文

[1] 黄向，杨晓生. 区域体育旅游专项规划的编制体系研究 ［J］. 体育学刊，2023，30 （02）.

[2] 董二为，张泽承，付冰，徐倩文. 再论体育旅游发展基础与路径 ［J］. 旅游学刊，2022，37 （01）.

[3] 陈治，屈晨旭. 体育旅游中符号学动机对游后行为的影响：旅游涉入的中介作用 ［J］. 山东体育学院学报，2022，38 （03）.

[4] 马越斐，李海. 体育旅游具身体验研究知识谱系：理论溯源、焦点议题、动向研瞻 ［J］. 山东体育学院学报，2022，38 （01）.

[5] 刘健，吴清峰，胡彪. 我国无居民海岛休闲体育旅游资源开发利用困境与对策 ［J］. 体育文化导刊，2022 （12）.

[6] 李海，石勇. 户外体育旅游风险管理体系构建 ［J］. 旅游学刊，2022，37 （01）.

[7] 陈远莉，谢卫. 体育旅游融合视野下体育小镇的发展初探 ［J］. 四川体育科学，2018，37 （02）.

[8] 汪全胜，卫学芝. 高风险体育旅游项目行政许可范围探究 ［J］. 武汉体育学院学报，2017，51 （05）.

[9] 柳志生，邓建. 山地体育旅游产品体验化开发研究 ［J］. 体育文化导刊，2017 （07）.

[10] 谢卫. 环都市乡村休闲体育旅游产品多元升级发展研究——以成都市为例 ［J］. 成都体育学院学报，2017，43 （04）.

[11] 杨岚凯，谢卫. 文化视角下中西休闲体育异质化辨析 ［J］. 中华文化论坛，2017，136 （08）.

[12] 周阳，谢卫. 欧美发达国家休闲体育产业发展启示——以美英澳三国为视角 ［J］. 人民论坛，2016，518 （14）.

[13] 夏敏慧，田晓玉，王辉，等. 体育旅游者行为特征的研究——以

海南为例 [J]. 沈阳体育学院学报. 2015，34（01）.

[14] 任津雨. 探析旅游策划中存在的问题及对策 [J]. 大众文艺，2013（02）.

[15] 康愈. 浴场见证罗马的兴衰 [J]. 军事与历史，2012（07）.

[16] 杨强. 中国体育旅游研究 20 年：述评与展望 [J]. 中国体育科技，2011，47（05）.

[17] 黄细嘉，李雪瑞. 我国旅游资源分类与评价方法对比研究 [J]. 南昌大学学报，2011（02）.

[18] 徐淑梅，张德成，李喜娜. 欧洲冰雪旅游产业发展特点对中国的启示 [J]. 东北亚论坛，2011，98（06）.

[19] 顾兴全. 基于资源观点（RBV）的体育旅游开发研究——以浙江安吉江南天池滑雪旅游开发为例 [J]. 北京体育大学学报，2011，34（03）.

[20] 谢卫，杨本立. 浅析道家休闲观对中国传统休闲体育的影响——以中国传统导引和太极拳为例 [J]. 四川体育科学，2011，133（01）.

[21] 周红伟. 我国户外运动安全保障系统的构建研究 [J]. 南京体育学院学报，2010，24（2）.

[22] 宛霞，邵凯，形晓晨. 我国体育旅游产业发展困境分析 [J]. 成都体育学院学报，2010，36（04）.

[23] 陆霞. 试论罗马帝国时期的城市文明 [J]. 邵阳学院学报，2009（02）.

[24] 陆霞. 血腥与纵欲——罗马帝国文化的两大显著特征 [J]. 历史教学问题，2009（05）.

[25] 戴庞海. 旅游策划创新中存在的问题及对策探讨 [J]. 河南工程学院学报，2009，24（02）.

[26] 谢卫，魏亚妮，刘青. 后奥运时期我国全民健身服务供给方式变革的动因、阻力及方向 [J]. 成都体育学院学报，2008，154

（09）.

［27］张志刚. 国内外体育旅游研究综述［J］. 山西师大体育学院学报.
2008（S1）.

［28］袁书琪，任婵娟. 天然体育旅游资源分类特点与分类体系构建
［J］. 辽宁师范大学学报，2008，31（4）.

［29］马宏霞. 浅谈体验经济中的体育旅游定位［J］. 中州大学学报，
2008，25（05）.

［30］赵新平. 体验经济与体育旅游产品及体育旅游产品体验［J］. 山
东体育学院学报，2007，23（02）.

［31］刘庆华. 崛起的策划人将推动21世纪的进程——关于"21世纪
属于谁"的预测［J］. 武汉交通职业学院学报，2007，33（01）.

［32］邓凤莲，于素梅，武胜奇. 我国体育旅游资源开发的支持系统与
影响因素［J］. 上海体育学院学报，2006，30（02）.

［33］惠民，孔国强，褚跃德. 体育营销的内涵、特征及其影响因素的
探讨［J］. 武汉体育学院学报，2006，40（11）.

［34］徐舟. 旅游节庆活动的策划规划方法初探［J］. 平原大学学报，
2005（01）.

［35］杨吉春，周珂. 论体育旅游的市场特征［J］. 广州体育学院学报，
2003，23（03）.

［36］张鲲，张西平，朱恺等. 关于我国开展体育旅游市场的分析［J］.
北京体育大学学报，2003（05）.

［37］张建平. 现代体育旅游初探［J］. 浙江体育科学. 2002（05）.

［38］孙东敏，陆紫，王佳. 河北省发展体育旅游的前景分析［J］. 河
北师范大学学报. 2002（02）.

［39］汪德根. 体育旅游市场特征及产品开发［J］. 旅游学刊，2002
（01）.

［40］谭白英，邹蓉. 体育旅游在中国的发展［J］. 体育学刊，2002
（03）.

［41］张汝深. 体育旅游产品的开发策略［J］. 体育科技. 2002. 23（02）.

［42］王桂忠. 关于我国体育旅游的现状及发展对策研究［J］. 体育科研，2002，23（02）.

［43］陈峰. 体育旅游产业的开发模式及其可持续发展的探讨［J］. 福建师范大学福清分校校报，2001，51（02）.

［44］朱竞梅. 开发体育旅游项目问题初探［J］. 体育与科学. 2000，21（123）.

［45］韩鲁安，等. 体育旅游对国民经济和社会发展的作用［J］. 天津体育学院学报. 2000（02）.

后　记

三年前，当拟定《体育旅游理论与实务》一书的框架时，还感到些许困惑与忐忑。虽然自己长期从事休闲体育与体育旅游的学术研究和教学工作，但是要撰写一本既具理论价值又富实践意义的体育旅游著作，不仅要熟悉体育学与旅游学的理论知识，还需要拥有体育旅游实践经历。经过研读大量体育旅游领域前沿的学术论文和专著，并反复研究体育学与旅游学的理论，终于梳理出体育旅游的基本理论，归纳出可操作的实践内容，为本书的框架和内容奠定了基础。

写作无疑要做到宁静致远、淡泊明志，需要执着的精神与坚毅的品行，但由于职责所在，我又常常陷于繁杂的行政管理事务之中，故而此项工作耗时较久，好在经过三年的不懈努力，书稿终于完成。

本书的编写受到许多学者研究成果的启发，我们在参考文献中已一一列出，对此我们深表敬意和谢意；另外，要衷心感谢各位编委在本书资料收集、整理与编写等过程中的辛苦付出，尤其要感谢成都体育学院运动休闲学院研究生刘锦清同学所做的大量文献校对工作；最后还要感谢我的家人和亲朋好友一路的支持与鼓励。

本书得以顺利出版，除各位编者的努力外，还有出版社编辑们的辛勤付出，为此我们表示深深的谢意。

本书框架由主编谢卫拟定完成，各章节由主编与副主编共同撰文。第一章由谢卫、刘雨撰文，第二章由谢卫、刘锦清、李翔、朱小凤撰文，第三章由谢卫、朱露、刘凯宁、胡洋、李琳瑶撰文，第四章由谢卫、张小丛、寇洁撰文，第五章由谢卫、刘锦清、李翔、刘印撰文，第六章由谢卫撰文，第七章由谢卫、王法、刘杨俊、郝爽撰文，第八章由谢卫、刘雨、刘杨俊、郝爽撰文，附录由刘锦清、李翔、刘杨俊整理。全书统稿由谢卫完成。

《体育旅游理论与实务》一书的编写存在较多困难，限于时间和水平有限，难免存在疏漏和不足之处，恳请读者和同行专家给批评指正，对此我们深表感谢。

谢　卫

2023 年 10 月 28 日